JN397071

어휘력 팡팡

우리집 화장실

우리집 화장실에는 무엇이 있을까?

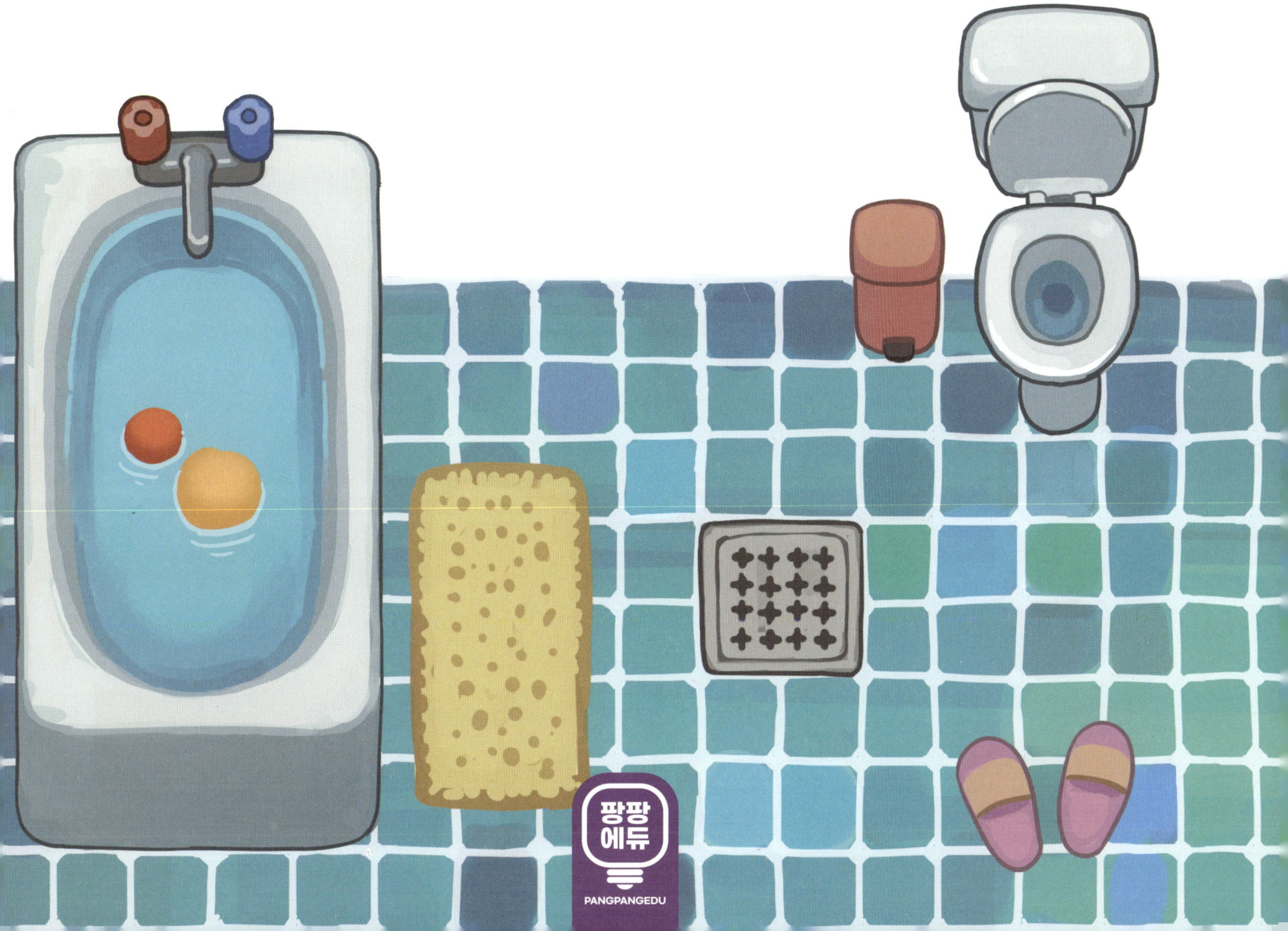

팡팡
에듀
PANGPANGEDU

어휘력 팡팡 시리즈는..

1. 초등 저학년 아이들을 위한 어휘(한자어) 입문서입니다.

이 책은 아이들이 일상에서 자주 접하는 한자어들을 중점적으로 다룹니다. 따라서 아이들이 본격적으로 한자어 학습을 시작하기 전에 이 책을 만나보면 좋습니다.

2. 일상 속에서도 틈틈이 어휘(한자어)를 지도할 수 있습니다.

이 책은 일상 속 한자어들을 다루기 때문에, 부모님이나 선생님들께서 이 책을 숙지하신다면 책을 펴지 않고도 일상생활 속에서 틈틈이 아이들에게 다양한 한자어들을 알려 주실 수 있습니다.

3. 다양한 활동지, 스티커, 그림카드가 들어있습니다.

저학년 아이들의 눈높이에 맞추어 미로 찾기, 색칠하기와 같은 다양한 활동지와 스티커, 그림카드를 포함하여 어린 친구들도 즐거운 마음으로 시작해서 끝까지 완성할 수 있도록 구성하였습니다.

배움에 대한 즐거움으로 이끌어줄, 마중물과 같은 책이 되고자 합니다.

들어가는 말

초등학교 입학 전후로 아이들이 학업수행에 어려움을 보이면 언어치료실을 찾아오는 경우가 적지 않습니다. 언어능력과 학업능력은 서로 높은 연관성을 보이기 때문에 만약 어떤 아동이 학업에 어려움을 보인다면 여러 가지 공식화된 평가도구들을 통해 아이의 전반적인 언어발달 수준이나 읽기, 쓰기능력 등을 확인해 보는 것이 도움이 될 수 있습니다.

여러 종류의 언어능력 평가도구 중에서 자주 사용되는 것 중에 하나가 수용 표현 어휘력 검사(김영태 외, 2009)입니다. 주기적인 영유아 검진을 통해 아이들의 전반적인 발달수준을 같은 생활연령대의 아이들과 비교해볼 수 있는 것처럼, 이 검사를 통해 아이들의 어휘력 발달수준을 같은 생활연령대 아이들과 비교해 볼 수 있습니다.

표현 어휘력 검사의 경우, 검사자가 수검자에게 그림을 하나씩 보여주고 이름을 대도록 하여 수검자가 목표 어휘를 적절히 표현할 수 있는지 확인 할 수 있습니다. 반면, 수용 어휘력 검사의 경우, 검사자는 수검자에게 목표어휘를 하나씩 들려주고 그 어휘가 뜻하는 그림을 네 가지 보기 중에 하나 고르도록 합니다. 이를 통해, 수검자가 목표 어휘의 뜻을 정확하게 이해하고 있는지 확인할 수 있습니다.

현장에서 아이들을 대상으로 이 검사를 진행하다 보면, 재미있는 현상 하나를 발견하게 되는데요. 수용 어휘력 검사 일부 문항에서 아이들이 비슷한 유형의 오반응을 빈번하게 보인다는 사실입니다. 실제 문항 하나를 예시로 들면, '석수'라는 어휘의 뜻에 해당하는 그림을 고르는 문항에서, 많은 아이들이 정답인 '돌을 조각하고 있는 사람' 대신 오답인 '물고기를 잡고 있는 사람'을 선택하곤 합니다. 그 이유를 물어보면, 하나같이 '석수'는 '물'이기 때문에 '물'과 관련된 그림을 골랐다고 대답합니다.

그러면 왜 이런 현상이 일어나는 것일까요? 아이들은 자신이 모르는 '석수'라는 어휘의 뜻을 추측하기 위해 자기가 알고 있는 제한된 정보('수'는 '물'을 뜻함)에 의존했기 때문입니다. 만약 이 아이들이 '석'은 '돌'을, '수'는 '사람'을 뜻할 수 있다는 정보를 더 가지고 있었다면 좀 더 쉽게 정답을 고를 수 있었을 것입니다.

그런데 문제는 '수'라는 글자가 가지고 있는 의미가 이 외에도 상당히 많다는 것입니다. 이는 국어에서 활용되고 있는 한자 때문인데요. 국어사전에 수록되어 있는 한자 '수'는 40개가 넘고, 이 중에서 초등한자사전에 수록된 글자만 해도 20개 이상입니다. 많은 사람들이 알고 있는 물 수(水)나 손 수(手)외에도, 지킬 수(守: 수비, 수위, 수호신), 거둘 수(收: 수확, 수입, 수익), 받을 수(受: 수상, 수강, 수락), 닦을 수(修: 수업, 수련, 수녀), 나무 수(樹: 가로수, 과수원, 수목원), 셈 수(數: 수학, 산수, 점수)등 매우 다양합니다.

게다가, 한자는 하나의 글자가 여러 가지의 뜻으로 확장되거나 파생되어 사용되는 경우가 많습니다. 예를 들어, 손 수(手)의 경우 '손'이라는 뜻뿐만 아니라 '솜씨나 재주', '솜씨 좋은 사람'을 뜻하기도 합니다. 그런데 만약 손 수(手)를 '손'이라는 의미로만 기억한다면, '수작업, 수공예'와 같은 어휘들을 이해하는 데는 도움이 될 수 있지만, '솜씨나 재주', '솜씨 좋은 사람'이라는 뜻으로 활용된 '하수, 고수, 선수, 공격수'와 같은 어휘들을 이해하는데 오히려 방해가 될 수 있습니다.

더욱이 문제가 되는 것은, 이러한 한자어들이 국어 어휘의 약 60-70%를 차지하고 있으며, 뜻글자인 한자를 소리문자인 한글로 표기하고 있다는 사실입니다. 한글은 과학적이고 체계적인 소리문자로 뜻글자인 한자에 비해 읽고 쓰는 법을 배우기 쉽다는 장점이 있습니다. 하지만 뜻글자인 한자를 소리문자인 한글로 바꿔 표기하게 되면서 한자의 모양을 통해 얻을 수 있었던 다양한 정보(한자어의 의미와 계통)를 파악할 기회를 잃게 되었고, 동시에 동음이의어나 동자이의어가 많아지게 되었습니다. 이로 인해 상황이나 문맥 없이는 어휘의 정확한 의미를 유추하기 어렵게 되었습니다.

이러한 환경에서는 아이들이 스스로 수많은 어휘들, 특히 한자어들의 정확한 의미를 파악하고 활용하기가 쉽지 않습니다. 아이들이 새로운 어휘를 접할 때마다 누군가가 옆에서 일일이 설명해주지 않으면 어휘력 검사에서 보인 반응처럼 그 뜻을 넘겨 짚거나 오해한 채 넘어가기 쉽습니다. 이러한 이유 때문인지 아이들이 글을 유창하게 읽고도 그 글의 의미를 정확하게 이해하지 못하는 경우도 빈번해졌습니다. 최근, 많은 사람들이 문해력에 주목하고 있는 이유이기도 하죠. <u>결국, 우리는 한자어를 잘 이해해야만 국어를 잘 이해할 수 있습니다.</u>

그렇다면, 우리는 한자어 학습을 어떻게 하는 것이 좋을까요?

무작정 한자를 많이 외우는 것이 해결책이 될 수 있을까요? 물론 한자를 외우는 것이 어휘력을 향상시키는데 도움이 될 수 있습니다. 한자를 많이 아는 아이가 그렇지 않은 아이보다 어휘력이 좋은 것은 명백한 사실이니까요. 하지만 단순하게 한자의 모양과 그 뜻을 하나씩 연결하여 기억하는 방식은 한자를 표기하지 않는 상황에서는 큰 도움이 되지 못합니다. 한자를 외웠다 한들 그 한자를 마주칠 일이 없다면 활용할 수 없겠죠.

게다가, 우리는 한자를 외울 때 한자의 모양이나 의미가 단순한 것에서부터 시작하는 경향이 있습니다. 유아나 초등 저학년 용 한자교재는 보통 '1-10까지의 수'를 뜻하는 한자나, '산, 나무, 물, 해'를 뜻하는 단순한 형태의 한자어에서 시작하곤 합니다. 이들의 공통점은 글자의 모양이 매우 단순하다는 것입니다. 그러나 단계가 높아질수록 한자의 형태가 복잡해지고 외우기 어려워지면 한자공부를 왜 해야 하는지 이해하지 못한 채 멈춰버리는 경우가 많아지게 되죠. 어렵게 한자를 외웠다고 해도 그 쓸모가 많지 않기 때문에 금방 잊어버립니다.

하지만 우리가 생활 속에서 자주 접하는 '냉장고, 욕조, 환풍기, 변기, 수도꼭지, 선풍기, 정수기'와 같은 어휘들도 모두 한자어입니다. 어린 아이들에게도 이러한 어휘들은 활용도가 높고 친숙합니다. 하지만 이러한 어휘들을 구성하는 한자의 모양이 어렵기 때문인지 한자어 학습의 우선순위에서 뒤로 밀리곤 합니다. 이로 인해, 정작 우리가 알아야 할 한자어들을 빨리 배우지 못하게 되죠. 따라서 무작정 한자를 외우려고 하는 대신 생활 속 한자어들을 먼저 이해하는데 초점을 두어야 합니다.

⭐ 다음은 한자어를 효율적으로 학습하는 방법입니다.

- **한자어 학습은 생활 속 한자어에서 부터 시작해야 합니다.**
  무작정 한자를 많이 외우는 것 보다는 '냉장고, 책상, 변기, 하수구, 치약'과 같이 실생활에서 자주 접하는 한자어들의 의미를 정확하게 이해하는 것이 먼저입니다.

- **어휘의 의미를 통으로 기억하는 대신 글자(음절) 하나하나에 의미가 있음을 이해해야 합니다.**
  예를 들면, '수도꼭지'라는 어휘는 '물'을 뜻하는 '수'와 '길'을 뜻하는 '도'가 합쳐진 것임을 이해해야 합니다.

- **같은 한자가 활용되는 어휘들을 함께 묶어서 기억해야 합니다.**
  쉽게 말해, '물'을 뜻하는 '수'는 '수도꼭지' 외에도, '수영장, 수질오염, 수경, 수상스키'와 같은 어휘들로 활용되고 있음을 알고 이들을 함께 묶어서 기억해야 합니다.

- **생활 속 한자어들이 추상적이거나 학업적인 어휘들과 연결되는 방식을 이해해야 합니다.**
  초등학생 아이들이라면 대부분 '수도꼭지'의 '수'가 물 수(水)라는 것을 알고 있지만, '수위'나 '수준'이라는 어휘 또한 물 수(水)가 활용된 어휘라는 것을 알고 있는 아이들은 많지 않습니다. 성인들조차도 이를 의식하고 사용하는 경우가 많지 않은데요. 앞서 말씀 드렸던 것처럼, 더 이상 한자어를 병기하지 않기 때문에 어휘의 계통을 자연스럽게 파악할 기회가 사라졌기 때문입니다. 따라서 우리의 아이들이 어휘들의 계통을 의식적으로 파악하고 분류할 수 있도록 도와주어야 합니다.

- **하나의 한자가 여러 개의 뜻으로 파생되어 활용될 수 있음을 알아야 합니다.**
  예를 들면, 손 수(手)가 '손'이라는 뜻뿐만 아니라 '솜씨나 재주', '솜씨 좋은 사람'을 뜻할 수 있다는 것을 이해해야 합니다.

- **국어에는 한자로 인해 동음이의자가 많다는 사실을 기억해야 합니다.**
  예를 들어 설명하면, '수'라는 글자가 '물'이나 '손'을 뜻하지만, 동시에 '동물'이나 '나무'도 뜻할 수도 있음을 알아야 합니다. 국어 속 한자어들은 대개 한글로만 표기되기 때문에, 같은 글자 뒤에 수많은 한자어들이 숨어있다는 사실을 자주 망각하게 됩니다. 우리가 모든 한자어를 기억하지 못하더라도, 이러한 사실을 인식하는 것만으로도 어휘의 뜻을 전혀 다른 뜻으로 오해하는 일을 예방할 수 있습니다.

- **위와 같은 방식으로 머릿속 어휘집을 깔끔하게 정리 정돈하는 동시에 그 크기를 키워나가야 합니다.**
  컴퓨터 폴더에 비유해서 설명하면, '수'라는 폴더를 만들고 그 안에 의미(한자) 별로 하위 폴더들을 생성해야합니다. 그리고 같은 음이지만 다른 뜻을 가진 글자들을 비교분석하고 분류저장하면서 알고 있는 어휘의 양을 늘려나가야 합니다. 잠시 정리정돈이 안된 방을 떠올려 볼까요? 내가 찾고자 하는 물건이 어디에 어떻게 분류되어 수납되어있는지 모른다면 그 물건을 하나 찾는데 까지 들어가는 시간과 노력은 그 배가 될 수 있습니다. 그리고 정리정돈을 제대로 하기 전 까지 이런 노력은 매번 반복될 것입니다. 어휘도 다르지 않습니다. 수많은 어휘들을 체계적이고 효율적으로 저장하고 인출할 수 있는 머릿속 어휘집을 만들어야, 방대한 양의 어휘들을 훨씬 더 빠르고 효율적으로 학습할 수 있습니다.

책의 구성 및 활용법

■ Part 1. 우리집 화장실에는 무엇이 있을까?

- 스티커를 붙이며 화장실에는 무엇이 있는지 이야기해봅니다.
- 화장실에서 접할 수 있는 어휘들의 어원(우리말, 한자어, 영어와 같은 외래어)에 대해 생각해봅니다. 특히, 어떤 어휘들이 한자어인지 자세히 이야기해봅니다.
- 예를 들어, '샴푸'나 '린스'와 같은 어휘는 영어에서 온 표현들이고, '바가지'는 순수 우리말, '변기'나 '세면대'는 한자어입니다. 만약, 이 책을 보는 아이가 한자어에 대한 이해가 없다면 한자어에 대한 간단한 설명을 해주시는 것이 좋습니다.

■ Part 2. 어휘의 뜻과 그 쓰임을 알아보아요.

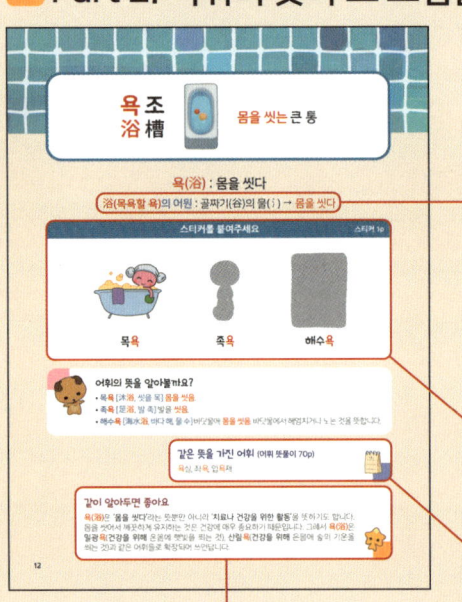

- 목표어(한자어)의 어원과 정확한 뜻을 이해합니다.
- 한자어는 음절단위로 분리될 수 있고 각각의 음절들은 고유의 의미를 가지고 있음을 이해합니다.
- 예를 들어, '욕조'는 '몸을 씻다'를 뜻하는 '욕'과, '큰 통'을 뜻하는 '조'가 하나로 합쳐져 '몸을 씻는 큰 통'인 '욕조'가 된 것임을 이해합니다.
- 이를 통해, 한자어는 각각의 음절이 고유의 의미를 가지고 있고, 음절과 음절의 결합으로 하나의 단어가 만들어 진다는 것을 이해합니다.
- 앞서 살펴본 목표한자(음절)가 또 어떤 어휘들 속에서 활용되고 있는지 스티커를 붙이며 알아봅니다.

같이 알아두면 좋아요
- 아이들을 지도해주시는 부모님 또는 선생님께서 참고하시면 좋습니다.
- 목표어휘와 관련해서 추가적으로 알아두면 좋을 유익한 내용들을 담았습니다.

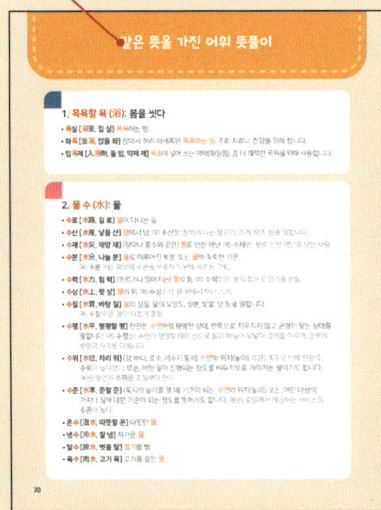

같은 뜻을 가진 어휘와 뜻풀이
- 아이들을 지도해주시는 부모님 또는 선생님께서 참고하시면 좋습니다.
- 이 책을 보는 아이들에게는 어려울 수 있어 이 책에서는 적극적으로 다루지는 않지만, 본격적으로 학습을 시작하면 알아 두어야 하는 추상적이거나 학업적인 어휘들로 구성 되어있습니다.

Part 3. 정리해볼까요?

- 앞에서 배우고 이해한 어휘들을 다시 한번 떠올려보는 시간입니다.
- 어휘의 의미를 정확하게 이해하는 것이 중요한만큼, 어떤 대상이나 개념을 정확하게 표현하는 것 역시 중요합니다. 이 활동을 통해 표현 어휘력을 키울 수 있습니다.

Part 4. 다양한 활동지

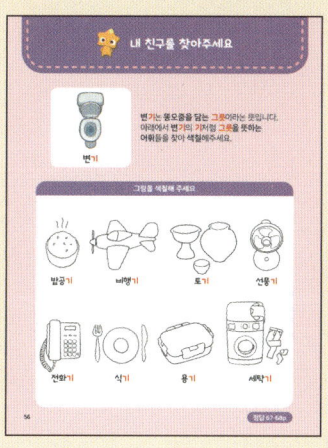 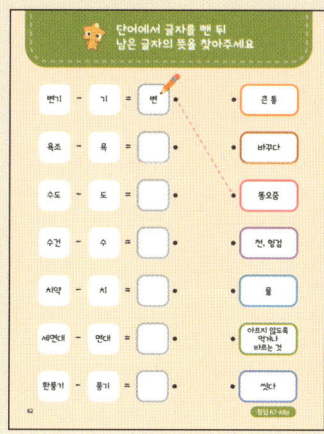  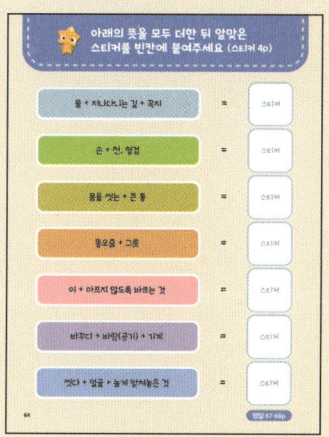

- 색칠하기, 선 긋기, 미로 찾기 등의 다양한 활동지가 포함 되어있어, 비교적 쉽고 즐겁게 목표어휘들을 학습할 수 있습니다.

Part 5. 그림 낱말카드

 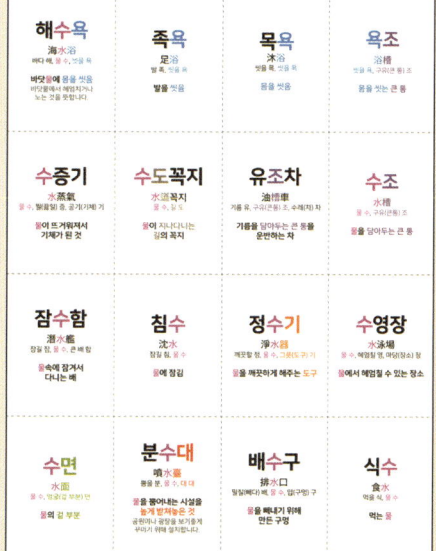

- 앞에서 학습한 목표 어휘들을 낱말카드를 활용하여 복습해봅니다.
- 그림을 보고 어휘나 어휘의 뜻을 이야기 해 보거나, 같은 의미를 가진 어휘들로 분류해 봅니다.
- 그림카드 활동에 스피드 게임이나 카드 게임처럼 게임적인 요소를 가미하면 더 즐겁게 활동할 수 있습니다.
- 그림카드의 자세한 활용방법은 P.80를 참고해주세요.

목 차

1. 어휘력 팡팡 시리즈는 · 3
2. 들어가는 말 · 4
3. 책의 구성 및 활용법 · 8
4. 우리집 화장실에는 무엇이 있을까? · 11
5. 어휘의 뜻과 그 쓰임을 알아보아요.

   1) 욕조(浴槽) · 12
      - 浴 [씻을 욕] : 목욕, 족욕, 해수욕
      - 槽 [구유(큰 통) 조] : 수조, 유조차

   2) 수도(水道)꼭지 · 15
      - 水 [물 수] : 수영장, 수증기, 수조, 수면, 식수, 침수, 분수대, 잠수함, 정수기, 배수구, 해수욕
      - 道 [길 도] : 도로, 철도, 인도, 횡단보도, 식도, 기도

   3) 변기(便器) · 22
      - 便 [똥오줌 변] : 소변, 대변, 변비
      - 器 [그릇(도구) 기] : 밥공기, 식기, 용기, 토기, 무기, 악기, 정수기, 분무기, 주사기, 면도기

   4) 환풍기(換風機) · 27
      - 換 [바꿀 환] : 환기, 환승, 교환
      - 風 [바람 풍] : 풍선, 풍차, 강풍, 소풍, 선풍기
      - 機 [틀(기계) 기] : 세탁기, 선풍기, 전화기, 비행기, 사진기, 청소기

   5) 수건(手巾) · 33
      - 手 [손 수] : 수첩, 수갑, 수술, 박수, 악수, 세수
      - 巾 [헝겊 건] : 두건, 삼각건

   6) 세면대(洗面臺) · 38
      - 洗 [씻을 세] : 세수, 세제, 세차, 세탁기, 손세정제
      - 面 [얼굴 면] : 안면, 가면, 복면, 면도기, 면사포, 화면, 수면
      - 臺 [대 대] : 침대, 무대, 등대, 화장대, 건조대, 계산대, 분수대, 삼각대

   7) 치약(齒藥) · 47
      - 齒 [이 치] : 칫솔, 치아, 치통, 충치, 양치, 발치, 설치류
      - 藥 [약 약] : 약국, 약사, 약초, 안약, 독약, 구급약

6. 활동지 · 53
7. 같은 뜻을 가진 어휘 뜻풀이 · 69
8. 그림카드 · 79
9. 스티커 · 93

우리집 화장실에는 무엇이 있을까?

환풍기, 욕조, 수도꼭지, 치약, 세면대, 수건, 변기   스티커 1p

욕조 浴槽 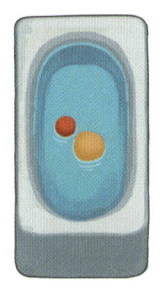 몸을 씻는 큰 통

욕(浴) : 몸을 씻다
浴(목욕할 욕)의 어원 : 골짜기(谷)의 물(氵) → 몸을 씻다

스티커를 붙여주세요
스티커 1p

목욕　　　　족욕　　　　해수욕

어휘의 뜻을 알아볼까요?
- 목욕 [沐浴, 씻을 목] 몸을 씻음.
- 족욕 [足浴, 발 족] 발을 씻음.
- 해수욕 [海水浴, 바다 해, 물 수] 바닷물에 몸을 씻음. 바닷물에서 헤엄치거나 노는 것을 뜻합니다.

같은 뜻을 가진 어휘 (어휘 뜻풀이 70p)

욕실, 좌욕, 입욕제

같이 알아두면 좋아요
욕(浴)은 '몸을 씻다'라는 뜻뿐만 아니라 '치료나 건강을 위한 활동'을 뜻하기도 합니다. 몸을 씻어서 깨끗하게 유지하는 것은 건강에 매우 중요하기 때문입니다. 그래서 욕(浴)은 일광욕(건강을 위해 온몸에 햇빛을 쬐는 것), 산림욕(건강을 위해 온몸에 숲의 기운을 쐬는 것)과 같은 어휘들로 확장되어 쓰인답니다.

욕조 浴槽 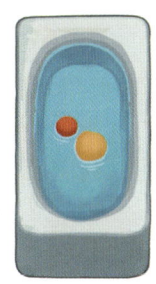 몸을 씻는 큰 통

조(槽) : 담아두는 큰 통

槽(구유 조)의 어원 : 구유 = 나무(木)로 된 가축의 먹이그릇 → 담아두는 큰 통

스티커를 붙여주세요 스티커 1p

수조

유조차

어휘의 뜻을 알아볼까요?
- **수조** [水槽, 물 수] 물을 담아두는 큰 통.
- **유조차** [油槽車, 기름 유, 수레 차] 기름을 담아두는 큰 통을 운반하는 차.

치조골

같이 알아두면 좋아요
- **치조골** [齒槽骨, 이 치, 뼈 골]: 이를 담고 있는 뼈 = 치조
- **치조음**: 혀끝이 치조에 닿아서 나는 소리 (ㄷ, ㅌ, ㄸ, ㄴ, ㄹ)

정리해볼까요?

아래 뜻에 해당하는 적절한 어휘를 빈칸에 적어주세요.

   (보기) **목욕**   몸을 씻음.

   　　　　　　물을 담아두는 큰 통.

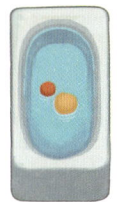      몸을 씻는 **큰 통**.

      바닷물에 **몸을 씻음**.
바닷물에서 헤엄치거나 노는 것을 뜻합니다.

      발을 씻음.

      기름을 담아두는 큰 통을 운반하는 차.

수도 꼭지
水道

물이 지나다니는 길의 꼭지

수(水) : 물

水(물 수)의 어원 : 시냇물이 흐르는 모습을 그린 글자 → 물

스티커를 붙여주세요 스티커 1p

수영장	수증기	수조
수면	식수	침수	분수대
잠수함	정수기	배수구	해수욕

수도 꼭지 水道  물이 지나다니는 길의 꼭지

수(水) : 물

水(물 수)의 어원 : 시냇물이 흐르는 모습을 그린 글자 → 물

어휘의 정확한 뜻을 알아볼까요?

- **수영장** [水泳場, 헤엄칠 영, 마당(장소) 장] 물에서 헤엄칠 수 있는 장소.
- **수증기** [水蒸氣, 찔(끓이다) 증, 공기(기체) 기] 물이 뜨거워져서 기체가 된 것.
- **수조** [水槽, 구유(큰 통) 조] 물을 담아두는 큰 통.
- **수면** [水面, 얼굴(겉 부분) 면] 물의 겉 부분.
- **식수** [食水, 먹을 식] 먹는 물.
- **침수** [沈水, 잠길 침] 물에 잠김.
- **분수대** [噴水臺, 뿜을 분, 대 대] 물을 뿜어내는 시설을 높게 받쳐놓은 것. 공원이나 광장을 보기 좋게 꾸미기 위해 설치합니다.
- **잠수함** [潛水艦, 잠길 잠, 큰 배 함] 물속에 잠겨서 다니는 배.
- **정수기** [淨水器, 깨끗할 정, 그릇(도구) 기] 물을 깨끗하게 해주는 도구.
- **배수구** [排水口, 밀칠(빼내다) 배, 입(구멍) 구] 물을 빼내기 위해 만든 구멍.
- **해수욕** [海水浴, 바다 해, 몸씻을 욕] 바닷물에 몸을 씻음. 바닷물에서 헤엄치거나 노는 것을 뜻합니다.

같은 뜻을 가진 어휘 (어휘 뜻풀이 70-71p)

수로, 수산물, 수재민, 수분크림, 수력발전, 수상스키, 수질오염, 수평선, 수위가 높다, 수준이 낮다, 온수, 냉수, 탈수, 육수, 단수, 누수, 강수량, 저수지, 하수도, 호수

수도 꼭지
水道

물이 지나다니는 길의 꼭지

도(道) : 지나다니는 길

道(길 도)의 어원 : 사람(首)이 다니는 길(辶) → 지나다니는 길

스티커를 붙여주세요 스티커 2p

도로

철도

인도

횡단보도

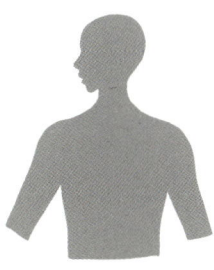
식도

기도

수도 꼭지
水道

물이 **지나다니는 길**의 꼭지

도(道) : 지나다니는 길

道(길 도)의 어원 : 사람(首)이 다니는 길(辶) → **지나다니는 길**

어휘의 정확한 뜻을 알아볼까요?

- **도**로 [道路, 길 로] (사람이나 차가) **지나다니는 길**.
- 철**도** [鐵道, 쇠 철] (열차가 다니도록) 철로 만든 **길**.
- 인**도** [人道, 사람 인] 사람이 **다니는 길**.
- 횡단보**도** [橫斷步道, 가로 횡, 자를 단, 걸음 보] 찻길을 가로로 잘라 보행자가 **건너다니도록 만들어 놓은 길**. 보도란 걸어다니는 길, 또는 보행자가 다니는 길을 뜻합니다.
- 식**도** [食道, 먹을(음식) 식] (입에서 위까지 이어지는) 음식물이 **지나가는 길**.
- 기**도** [氣道, 공기 기] (코에서 폐까지 이어지는) 공기가 **지나다니는 길**.

같은 뜻을 가진 어휘 (어휘 뜻풀이 71p)

차**도**, 보**도**블럭, 복**도**, 적**도**, 궤**도**, 하수**도**, 지하**도**, **도**중에

같이 알아두면 좋아요

- **도**(道)는 '지나다니는 길' 뿐만 아니라 '**사람이라면 마땅히 가야하는 바른길**'을 뜻하기도 합니다. 사람이라면 해서는 안 되는 행동들이나 지켜야 하는 규칙들이 있죠? 그런 것을 우리는 **도**덕이나 **도**리라고 합니다. 그래서 인**도**는 사람이 다니는 길을 뜻하는 동시에 **사람으로서 지켜야 할 도리나 도덕**을 의미하죠. 인**도**적 지원이라는 말은 **사람으로서 지켜야 할 도리나 도덕**에 따라 누군가를 돕는 일을 뜻합니다. 이 외에도 **도**를 닦다, 효**도**, 불**도**, 무**도**와 같은 어휘들로 활용됩니다.
- 무사의 **도**리을 뜻하는 무**도**는 태권**도**, 유**도**, 검**도**와 같이 무예나 무술을 이르는 말로 확장되었습니다.
- **도**구는 **도**를 닦을 때 쓰는 기구를 뜻하다가 지금은 **어떤 일을 하는데 필요한 연장**이라는 의미로 확장되어 쓰이게 되었습니다.

정리해볼까요?

아래 뜻에 해당하는 적절한 어휘를 빈칸에 적어주세요.

		먹는 물.
		(사람이나 차가) 지나다니는 길.
		물을 담아두는 큰 통.
		물에서 헤엄칠 수 있는 장소.
		찻길을 가로로 잘라 보행자가 건너다니도록 만들어 놓은 길.
		물의 겉부분.

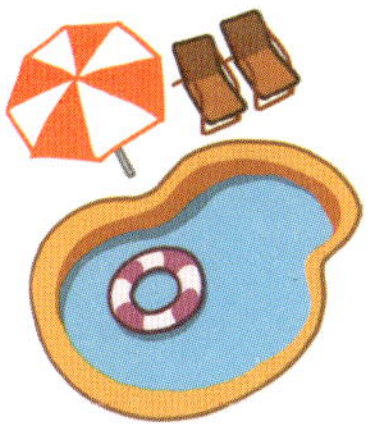

정리해볼까요?

아래 뜻에 해당하는 적절한 어휘를 빈칸에 적어주세요.

	(열차가 다니도록) 철로 만든 **길**.
	**물**을 뿜어내는 시설을 높게 받쳐놓은 것. 공원이나 광장을 보기좋게 꾸미기 위해 설치합니다.
	물속에 잠겨서 다니는 배.
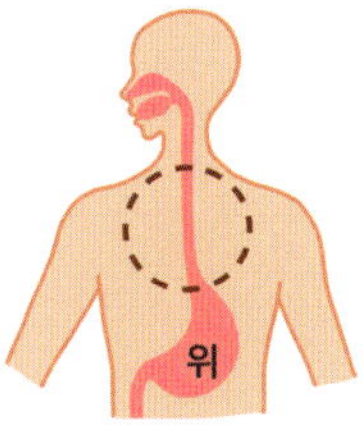	(입에서 위까지 이어지는) 음식물이 **지나가는 길**.
	물이 뜨거워져서 기체가 된 것.
	물에 잠김.

정리해볼까요?

아래 뜻에 해당하는 적절한 어휘를 빈칸에 적어주세요.

		사람이 다니는 길.
		물을 빼내기 위해 만든 구멍.
		물을 깨끗하게 해주는 도구.
		(코에서 폐까지 이어지는) 공기가 **지나다니는 길**.
		물이 **지나다니는 길**의 꼭지.
		바닷물에 몸을 씻음. 바닷물에서 헤엄치거나 노는 것을 뜻합니다.

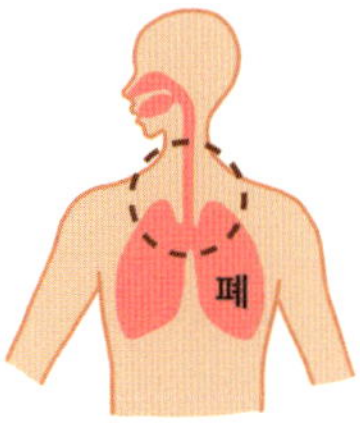

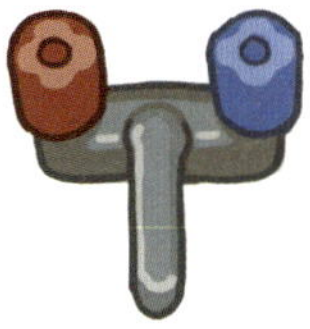

변기 便器

똥오줌 그릇

변(便) : 똥오줌

便(똥오줌 변)의 어원 : 사람(亻)이 불편한 것을 해결(更)하다 → 똥오줌을 누다

스티커를 붙여주세요   스티커 2p

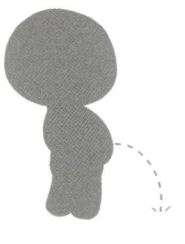 소변    대변    변비

 **어휘의 정확한 뜻을 알아볼까요?**
- **소변** [小便, 작을 소] 오줌.
- **대변** [大便, 큰 대] 똥.
- **변비** [便祕, 숨길 비] 대변이 잘 나오지 않는 병.

같은 뜻을 가진 어휘 (어휘 뜻풀이 72p)

변소, 배변, 용변, 숙변, 채변, 태변, 혈변

변 기 / 便 器    똥오줌 그릇

기(器): ① 그릇 ② 간단한 도구

器(그릇 기)의 어원 : 고기(犬)를 여러 그릇(皿)에 나눠 담다 → 그릇 → (확장) 간단한 도구

스티커를 붙여주세요 스티커 2p

- 밥공기
- 식기
- 용기
- 토기
- 무기 
- 악기 
- 정수기
- 분무기 
- 주사기 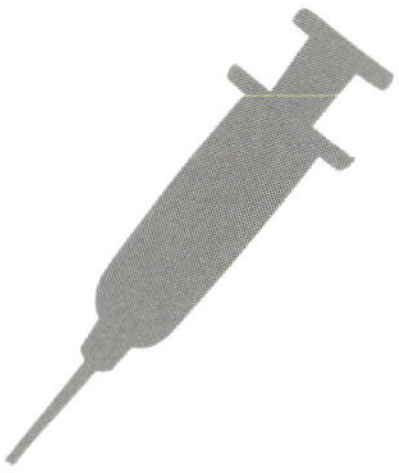
- 면도기

변(便) 기(器)  똥오줌 그릇

기(器): ① 그릇 ② 간단한 도구

器(그릇 기)의 어원 : 고기(犬)를 여러 그릇(㗊)에 나눠 담다 → 그릇 → (확장) 간단한 도구

어휘의 정확한 뜻을 알아볼까요?

- 밥공기 [밥空器, 빌 공] 밥을 담는 빈 그릇.
- 식기 [食器, 밥(음식) 식] 음식을 담는 그릇.
- 용기 [容器, 얼굴(담다) 용] 물건을 담는 그릇.
- 토기 [土器, 흙 토] 흙으로 만든 그릇.
- 무기 [武器, 호반(무사) 무] 싸울 때 사용되는 도구.
- 악기 [樂器, 노래 악] 음악을 연주하는 데 쓰이는 도구.
- 정수기 [淨水器, 깨끗할 정, 물 수] 물을 깨끗하게 해주는 도구.
- 분무기 [噴霧器, 뿜을 분, 안개 무] 액체를 안개처럼 뿜어내는 도구.
- 주사기 [注射器, 부을 주, 쏠 사] (주로, 약물을 몸안에) 집어넣는 도구.
- 면도기 [面刀器, 칼(깎다) 도, 그릇(도구) 기] 얼굴의 털을 깎는 도구.

같은 뜻을 가진 어휘 (어휘 뜻풀이 72p)
① 그릇 : 도자기, 사기, 옹기, 석기, 철기, 제기
② 간단한 도구 : 흉기, 총기, 역기, 각도기, 소화기

같이 알아두면 좋아요

'분무기, 주사기'와 같은 도구들은 모양이나 사용법이 간단하고 스스로의 동력장치를 가지고 있지 않다는 점에서 '세탁기, 청소기'와 같은 기계와 구별됩니다. 기계를 뜻하는 어휘들은 P.29의 機(틀 기)를 참고하세요..

정리해볼까요?

아래 뜻에 해당하는 적절한 어휘를 빈칸에 적어주세요.

	뜻
	흙으로 만든 **그릇**.
	똥.
	대변이 잘 나오지 않는 병.
	밥을 담는 빈 **그릇**.
	액체를 안개처럼 뿜어내는 **도구**.
	물건을 담는 **그릇**.
	물을 깨끗하게 해주는 **도구**.

정리해볼까요?

아래 뜻에 해당하는 적절한 어휘를 빈칸에 적어주세요.

		오줌.
		싸울 때 사용하는 **도구**.
		음악을 연주하는데 쓰이는 **도구**.
		음식을 담는 **그릇**.
		(주로, 약물을 몸 안에) 집어넣는 **도구**.
		똥오줌 그릇.
		얼굴의 털을 깎는 **도구**.

환풍기
換風機

바람을 일으켜 실내 공기를 바꿔주는 기계

환(換): 바꾸다

換(바꿀 환)의 어원 : 손(扌)으로 무언가를 바꾸거나 새롭게 하다 → 바꾸다

스티커를 붙여주세요 스티커 2p

환기   환승   교환

어휘의 뜻을 알아볼까요?
- 환기 [換氣, 공기 기] 공기를 바꿈.
- 환승 [換乘, 탈 승] 차를 바꾸어 탐.
- 교환 [交換, 사귈(서로) 교] 서로 바꿈.

같은 뜻을 가진 어휘 (어휘 뜻풀이 73p)

환절기, 환전, 환율, 호환

환풍기 換風機

바람을 일으켜 실내 공기를 바꿔주는 기계

풍(風): 바람

風(바람 풍)의 어원 : 봉황새(風)의 날개 짓 → 바람

스티커를 붙여주세요 스티커 2p

풍선   풍차   강풍   소풍   선풍기

어휘의 정확한 뜻을 알아볼까요?

- **풍선** [風船, 배(뜨다) 선] 고무주머니에 바람(기체)을 넣어 공중으로 뜨게 만든 것.
- **풍차** [風車, 수레(수레바퀴) 차] 바람으로 돌아가는 바퀴모양의 장치. 바람의 힘을 기계적인 힘으로 바꿔줍니다.
- **강풍** [强風, 강할 강] 강하게 부는 바람.
- **선풍기** [扇風機, 부채 선, 틀(기계) 기] 부채처럼 바람을 일으키는 기계.
- **소풍** [逍風, 노닐 소] 바람을 쐬러 야외로 나가 놀다오는 일.

같은 뜻을 가진 어휘 (어휘 뜻풀이 73p)

태풍, 폭풍, 미풍, 순풍, 온풍, 해풍, 광풍, 열풍, 돌풍, 병풍

같이 알아두면 좋아요

풍(風)은 '바람' 뿐만 아니라 '자연'을 뜻하기도 합니다. 바람은 자연의 일부이기 때문이죠.
예) 풍경 : 자연의 경치, 풍경화 : 자연의 경치를 담은 그림

환풍기 換風機

바람을 일으켜 실내 공기를 바꿔주는 기계

기(機): 기계(움직여 일하는 장치)

機(틀 기)의 어원 : 옷감을 짜는 나무(木)로 된 베틀(幾) → 움직여 일하는 장치

스티커를 붙여주세요 스티커 3p

- 세탁기
- 선풍기
- 전화기
- 비행기
- 사진기
- 청소기

환풍기 換風機

바람을 일으켜 실내 공기를 바꿔주는 기계

기(機): 기계(움직여 일하는 장치)

機(틀 기)의 어원 : 옷감을 짜는 나무(木)로 된 베틀(幾) → 움직여 일하는 장치

어휘의 정확한 뜻을 알아볼까요?

- 세탁기 [洗濯機, 씻을 세, 씻을(빨다) 탁] 옷을 깨끗하게 빨아주는 기계.
- 선풍기 [扇風機, 부채 선, 바람 풍] 부채처럼 바람을 일으키는 기계.
- 전화기 [電話機, 번개(전기) 전, 말씀 화] 전파를 통해 멀리 있는 사람과 이야기를 할 수 있게 해주는 기계.
- 비행기 [飛行機, 날 비, 다닐 행] 공중으로 날아다니는 기계.
- 사진기 [寫眞機, 베낄 사, 참(진짜) 진] 물건의 모양을 그대로 그려주는 기계.
- 청소기 [淸掃機, 맑을(깨끗하다) 청, 쓸(쓸다) 소] 먼지를 깨끗하게 쓸고 닦아주는 기계.

같은 뜻을 가진 어휘 (어휘 뜻풀이 74p)

항공기, 여객기, 승강기, 굴착기, 경운기, 기중기, 기능(기계가 어떤 일을 해내는 능력)

같이 알아두면 좋아요

'세탁기, 청소기'와 같은 기계는 모양이나 사용법이 복잡하고 스스로의 동력장치를 가지고 있다는 점에서 '분무기, 주사기'와 같은 도구들과 구별됩니다. 도구를 뜻하는 어휘들은 P.23의 器(그릇 기)를 참고하세요.

정리해볼까요?

아래 뜻에 해당하는 적절한 어휘를 빈칸에 적어주세요.

	강하게 부는 **바람**.
	차를 **바꾸어 탐**.
	공중으로 날아다니는 **기계**.
	바람으로 돌아가는 바퀴모양의 장치. 바람의 힘을 기계적인 힘으로 바꿔줍니다.
	공기를 **바꿈**.
	바람을 쐬러 야외로 나가 놀다오는 일.
	바람을 일으켜 실내 공기를 **바꿔주는 기계**.

정리해볼까요?

아래 뜻에 해당하는 적절한 어휘를 빈칸에 적어주세요.

	먼지를 깨끗하게 쓸고 닦아주는 **기계**.
	고무주머니에 **바람(기체)**을 넣어 공중으로 뜨게 만든 것.
	옷을 깨끗하게 빨아주는 **기계**.
	물건의 모양을 그 모습 그대로 그려주는 **기계**.
	서로 **바꿈**.
	부채처럼 바람을 일으키는 **기계**.
	전파를 통해 멀리 있는 사람과 이야기를 할 수 있게 해주는 **기계**.

수건 手巾  손을 닦는 천

수(手): 손

手(손 수)의 어원 : 사람의 손을 그린 글자 → 손

스티커를 붙여주세요　　　스티커 3p

수첩　　　**수갑**　　　**수술**

박수　　　**악수**　　　**세수**

수건 手巾  손을 닦는 천

수(手): 손
手(손 수)의 어원 : 사람의 손을 그린 글자 → 손

어휘의 정확한 뜻을 알아볼까요?
- **수첩** [手帖, 문서(공책) 첩] 손에 들고 다니는 작은 공책.
- **수갑** [手匣, 갑(가두다) 갑] 자유롭게 움직이지 못하도록 양쪽 손목에 걸쳐서 채우는 것.
- **수술** [手術, 재주(기술) 술] 손 기술. 병을 치료하기 위해 몸이나 피부를 손으로 자르거나 째거나 도려내는 일을 말합니다.
- **박수** [拍手, 칠 박] 두 손을 마주 침.
- **악수** [握手, 쥘(잡다) 악] (인사, 화해, 감사의 표현으로) 두 사람이 손을 맞잡음.
- **세수** [洗手, 씻을 세] 손과 얼굴을 씻음

같은 뜻을 가진 어휘 (어휘 뜻풀이 74p)
수화, 수동, 수제화, 수류탄, 입수, 실수, 착수, 거수경례

같이 알아두면 좋아요 (어휘 뜻풀이 74-75p)
- 수(手)는 '손'뿐만 아니라 '재주나 솜씨'를 뜻하기도 하는데요. 요리, 만들기, 뜨개질과 같이 손으로 할 수 있는 수많은 것들을 떠올려 보면 그 이유를 쉽게 이해할 수 있습니다. 예) 수단, 수법, 고수, 하수
- 더 나아가 '재주나 솜씨'라는 뜻은 '재주나 솜씨가 좋은 사람'이라는 뜻으로도 확장되었답니다. 예) 가수, 포수, 궁수, 선수, 투수, 포수², 공격수

수건(手巾)  손을 닦는 천

건(巾): 천, 헝겊

巾(수건 건)의 어원 : 막대기에 걸려있는 천을 그린 글자 → 천, 헝겊

스티커를 붙여주세요 스티커 3p

두건

삼각건

 **어휘의 정확한 뜻을 알아볼까요?**
- **두건** [頭巾, 머리 두] 머리에 두르는 천이나 헝겊.
- **삼각건** [三角巾, 석(셋) 삼, 뿔(모서리) 각]
  (치료할 때 사용하는) 삼각형 모양의 천이나 헝겊.

정리해볼까요?

아래 뜻에 해당하는 적절한 어휘를 빈칸에 적어주세요.

	손에 들고 다니는 작은 공책.
	두 손을 마주 침.
	머리에 두르는 **천이나 헝겊**.
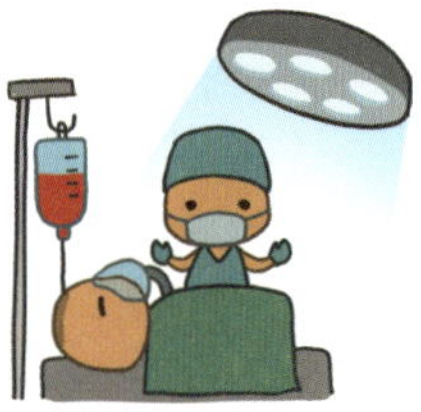	**손** 기술. 병을 치료하기 위해 몸이나 피부를 손으로 자르거나 째거나 도려내는 일을 말합니다.
	자유롭게 움직이지 못하도록 양쪽 **손목**에 걸쳐서 채우는 것.
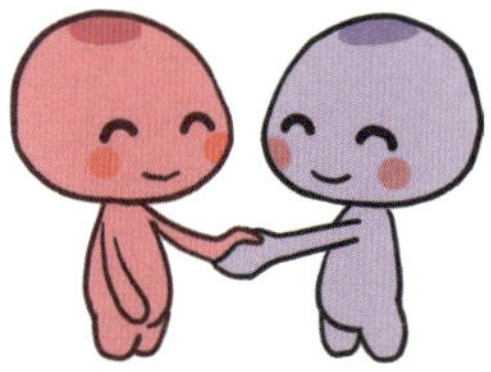	(인사, 화해, 감사의 표현으로) 두 사람이 **손**을 맞잡음.

정리해볼까요?

아래 뜻에 해당하는 적절한 어휘를 빈칸에 적어주세요.

- 손과 얼굴을 씻음.
- (치료할 때 사용하는) 삼각형 모양의 **천이나 헝겊**.
- 손을 닦는 **천**.

세면대 洗面臺

얼굴을 **씻도록** 시설을 갖추어 높게 받쳐놓은 것

세(洗): 씻다

洗(씻을 세)의 어원 : 물(氵)로 사람의 발(先)을 씻다 → 씻다

스티커를 붙여주세요 스티커 3p

세수   세제   세차   세탁기   손세정제

어휘의 뜻을 알아볼까요?

- **세수** [洗手, 손 수] 손과 얼굴을 씻음.
- **세제** [洗劑, 약제 제] 더러운 것을 씻어주는 약.
- **세차** [洗車, 수레(차) 차] 차를 씻음.
- **세탁기** [洗濯機, 씻을(빨다) 탁, 틀(기계) 기] 옷을 깨끗하게 빨아주는 기계.
- **손세정제** [손洗淨劑, 깨끗할 정, 약제 제] 손을 깨끗하게 해주는 약.

같은 뜻을 가진 어휘 (어휘 뜻풀이 75p)

세탁소, 세안, 세척, 세례, 수세식, 푸세식

세면대 洗面臺

얼굴을 씻도록 시설을 갖추어 높게 받쳐놓은 것

면(面): ① 얼굴 ② 겉 부분

面(얼굴 면)의 어원 : 얼굴과 눈을 그린 글자 → 얼굴 → (확장) 겉 부분

스티커를 붙여주세요 스티커 3p

- 안면
- 가면
- 복면
- 면도기
- 면사포
- 화면
- 수면

세면대 洗面臺

얼굴을 씻도록 시설을 갖추어 높게 받쳐놓은 것

면(面): ① 얼굴 ② 겉 부분

面(얼굴 면)의 어원 : 얼굴과 눈을 그린 글자 → 얼굴 → (확장) 겉 부분

어휘의 정확한 뜻을 알아볼까요?

- 안면 [顔面, 낯(얼굴) 안] 얼굴.
- 가면 [假面, 거짓 가] (얼굴을 감추거나 꾸미려고 쓰는) 가짜 얼굴.
- 복면 [覆面, 덮을 복] (헝겊 등으로) 얼굴을 덮어 가림.
- 면도기 [面刀器, 칼(깎다) 도, 그릇(도구) 기] 얼굴의 털을 깎는 도구.
- 면사포 [面紗布, 비단(천) 사, 베(천) 포] (결혼식 때 신부의) 얼굴을 가리는 하얀 천.
- 화면 [畫面, 그림 화] 그림이 나오는 겉 부분.
- 수면 [水面, 물 수] 물의 겉 부분.

같은 뜻을 가진 어휘 (어휘 뜻풀이 76p)

① 얼굴 : 면접, 면상, 면전, 면박, 구면, 초면, 대면
② 겉 부분 : 표면, 내면, 양면테이프, 평면, 지면, 노면, 벽면, 정면, 측면, 삼면, 정육면체

세면대 洗面臺

얼굴을 씻도록 시설을 갖추어 **높게 받쳐놓은 것**

대(臺): 높게 받쳐놓은 것

臺(대 대)의 어원 : 높은 곳(高)에 이르다(至) → 높게 받쳐놓은 것

스티커를 붙여주세요 스티커 4p

| 침대 | 무대 | 등대 | 화장대 |

| 건조대 | 계산대 | 분수대 | 삼각대 |

세면대 洗面臺

얼굴을 씻도록 시설을 갖추어 **높게 받쳐놓은 것**

대(臺) : 높게 받쳐놓은 것

臺(대 대)의 어원 : 높은 곳(高)에 이르다(至) → 높게 받쳐놓은 것

어휘의 정확한 뜻을 알아볼까요?

- **침대** [寢臺, 잘 침] 올라가 누워 잘 수 있도록 **높게 받쳐놓은 것**.
- **무대** [舞臺, 춤출 무] 무용이나 연극을 하는 곳을 잘 보이도록 **높게 받쳐놓은 것**.
- **등대** [燈臺, 등 등] (바다에서 배가 볼 수 있도록) 등불을 **높게 받쳐놓은 것**.
- **화장대** [化粧臺, 될 화, 꾸밀 장] 화장품이나 거울을 올려놓고 얼굴을 꾸밀 수 있도록 **높게 받쳐놓은 것**.
- **건조대** [乾燥臺, 마를 건, 마를 조] 젖은 물건을 올려놓고 말릴 수 있도록 **높게 받쳐놓은 것**.
- **계산대** [計算臺, 셀 계, 셈 산] 물건을 올려놓고 계산할 수 있도록 **높게 받쳐놓은 것**.
- **분수대** [噴水臺, 뿜을 분, 물 수] 물을 뿜어내는 시설을 **높게 받쳐놓은 것**. 공원이나 광장을 보기좋게 꾸미기 위해 설치합니다.
- **삼각대** [三脚臺, 석(셋) 삼, 다리 각] 발이 세 개 달려서 사진기 같은 물건을 **높게 받쳐주는 것**.

같은 뜻을 가진 어휘 (어휘 뜻풀이 77p)

지휘대, 전망대, 천문대, 진열대, 가판대, 발사대

같이 알아두면 좋아요

- **대(臺)**는 '높게 받쳐주는 것' 뿐만아니라 '높은 건물'을 뜻하기도 하는데요. 대통령이 거주하며 업무를 보는 **청와대**는 파란 기와로 된 **높은 건물**이라는 뜻입니다.
- **대본**이나 **대사의 대(臺)**는 **무대**를 뜻합니다.

정리해볼까요?

아래 뜻에 해당하는 적절한 어휘를 빈칸에 적어주세요.

(세탁기)	☐	옷을 깨끗하게 빨아주는 기계.
(면도기)	☐	얼굴의 털을 깎는 도구.
(화장대)	☐	화장품이나 거울을 올려놓고 얼굴을 꾸밀 수 있도록 높게 받쳐놓은 것.
(세수)	☐	손과 얼굴을 씻음.
(가면)	☐	(얼굴을 감추거나 꾸미려고 쓰는) 가짜 얼굴.
(침대)	☐	올라가 누워 잘 수 있도록 높게 받쳐놓은 것.

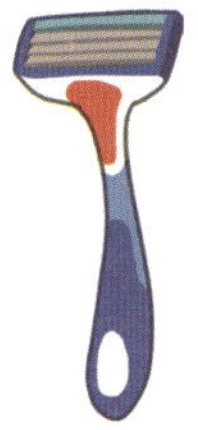

정리해볼까요?

아래 뜻에 해당하는 적절한 어휘를 빈칸에 적어주세요.

		얼굴.
		더러운 것을 씻어주는 약.
		(결혼식 때 신부의) **얼굴**을 가리는 하얀 천.
		무용이나 연극을 하는 곳이 잘 보이도록 **높게 받쳐놓은 것**.
		(헝겊 등으로) **얼굴**을 덮어 가림.
		그림이 나오는 **겉** 부분.

정리해볼까요?

아래 뜻에 해당하는 적절한 어휘를 빈칸에 적어주세요.

	손을 깨끗하게 해주는 약.
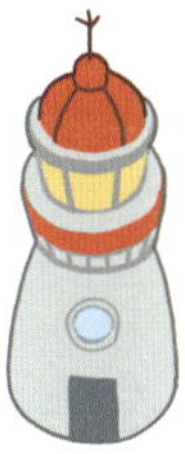	(바다에서 배가 볼 수 있도록) 등불을 **높게 받쳐놓은 것**.
	발이 세 개 달려서 사진기 같은 물건을 **높게 받쳐주는 것**.
	젖은 물건을 올려놓고 말릴 수 있도록 **높게 받쳐놓은 것**.
	물의 **겉** 부분.
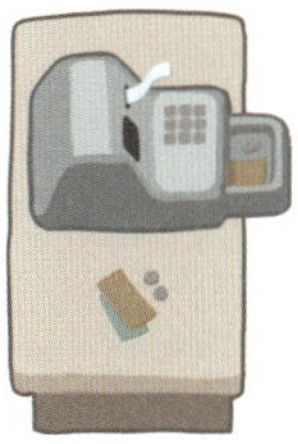	물건을 올려놓고 계산할 수 있도록 **높게 받쳐놓은 것**.

정리해볼까요?

아래 뜻에 해당하는 적절한 어휘를 빈칸에 적어주세요.

  차를 씻음.

  물을 뿜어내는 시설을 **높게 받쳐놓은 것**. 공원이나 광장을 보기좋게 꾸미기 위해 설치합니다.

  **얼굴을 씻도록** 시설을 갖추어 **높게 받쳐놓은 것**.

치약 (齒藥)  이를 닦는 약

치(齒): 이

齒(이 치)의 어원 : 입과 이(㘈)가 움직이는(止) 모습 → 이

스티커를 붙여주세요 스티커 4p

- 칫솔
- 치아
- 치과
- 치통
- 충치
- 양치
- 발치
- 설치류

치약 齒藥  이를 닦는 약

치(齒): 이

齒(이 치)의 어원 : 입과 이(㐅)가 움직이는(止) 모습 → 이

어휘의 정확한 뜻을 알아볼까요?

- **칫솔** [齒솔] 이를 닦는 솔.
- **치아** [齒牙, 어금니 아] 이.
- **치과** [齒科, 과목 과] 이가 아플 때 치료하러 가는 병원.
- **치통** [齒痛, 아플 통] 이가 아픈 것.
- **충치** [蟲齒, 벌레 충] 벌레가 파먹은 것처럼 썩은 이.
- **양치** [養齒, 기를(돌보다) 양] 이를 돌보는 일. 이를 닦고 입안을 헹구는 것을 뜻합니다.
- **발치** [拔齒, 뽑을 발] 이를 뽑음.
- **설치류** [齧齒類, 물(갈다) 설, 무리(종류) 류] (이가 계속 자라나기 때문에) 이를 가는 동물의 종류. 쥐나 다람쥐 같은 동물들이 이 종류에 속합니다.

같이 알아두면 좋아요

- **칫솔** [치쏠]은 한자어 '**치(齒)**'와 우리말 '솔'이 더해져 만들어진 **합성어**입니다. 합성어에서 **뒷소리**가 **된소리**로 바뀌어 소리 나면, 한글 맞춤법 규정에 따라 **앞소리의 받침**에 'ㅅ'을 받쳐 적어야 합니다. 칫솔은 [치솔]이 아닌 [치쏠]로 소리 나기 때문에 '치솔'이 아닌 '칫솔'로 적어야 합니다.
- **치조골** [齒槽骨, 구유 조, 뼈 골] : 이를 담고 있는 뼈 = **치조** (P.13 참고)

치약 (齒藥)  이를 닦는 약

약(藥): 아프지 않도록 먹거나 바르는 것

藥(약 약)의 어원 : 풀(艹)을 먹고 즐거운 상태(樂)로 되돌아감 → 약

스티커를 붙여주세요 스티커 4p

약국   약사   약초

안약   독약   구급약

치약 齒藥  이를 닦는 약

약(藥): 아프지 않도록 먹거나 바르는 것

藥(약 약)의 어원 : 풀(艹)을 먹고 즐거운 상태(樂)로 되돌아감 → 약

어휘의 정확한 뜻을 알아볼까요?
- **약국** [藥局, 판(곳) 국] 약을 만들거나 파는 곳.
- **약사** [藥師, 스승(전문가) 사] 약을 만들거나 파는 일을 전문적으로 하는 사람.
- **약초** [藥草, 풀 초] 약으로 쓰는 풀.
- **안약** [眼藥, 눈 안] 눈병을 고치는데 쓰는 약.
- **독약** [毒藥, 독 독] 독성을 가진 약.
- **구급약** [救急藥, 구원할 구, 급할 급] 아픈 사람을 급하게 치료할 때 쓰는 약.

같은 뜻을 가진 어휘 (어휘 뜻풀이 77p)
약수터, 한약, 농약

정리해볼까요?

아래 뜻에 해당하는 적절한 어휘를 빈칸에 적어주세요.

	이를 닦는 솔.
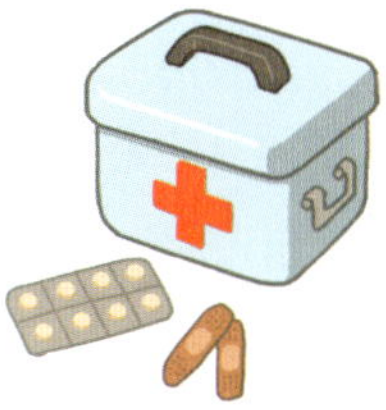	아픈 사람을 급하게 치료할 때 쓰는 **약**.
	**이**가 아픈 것.
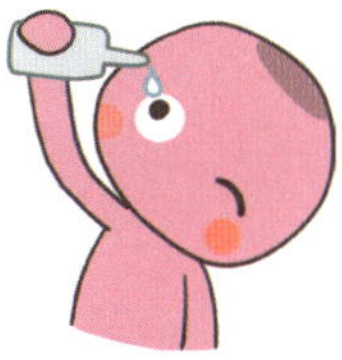	눈병을 고치는데 쓰는 **약**.
	**이**를 돌보는 일. 이를 닦고 입안을 헹구는 것을 뜻합니다.
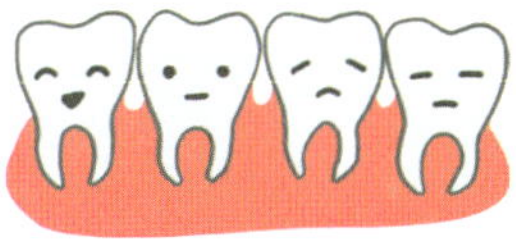	이.
	독성을 가진 **약**.

정리해볼까요?

아래 뜻에 해당하는 적절한 어휘를 빈칸에 적어주세요.

	이가 아플 때 치료하러 가는 병원.
	(이가 계속 자라나기 때문에) 이를 가는 동물의 종류. 쥐나 다람쥐 같은 동물들이 이 종류에 속합니다.
	약을 만들거나 파는 곳.
	벌레가 파먹은 것처럼 썩은 이.
	약으로 쓰는 풀.
	이를 뽑음.
	약을 만들거나 파는 일을 전문적으로 하는 사람.
	이를 닦는 약.

활동지

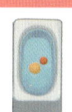

빈칸에 공통적으로 들어가는 글자와 그 글자의 뜻을 적어주세요

● 보기) 공통글자 : 세   뜻 : 씻다

● 공통글자 : ☐   뜻 :

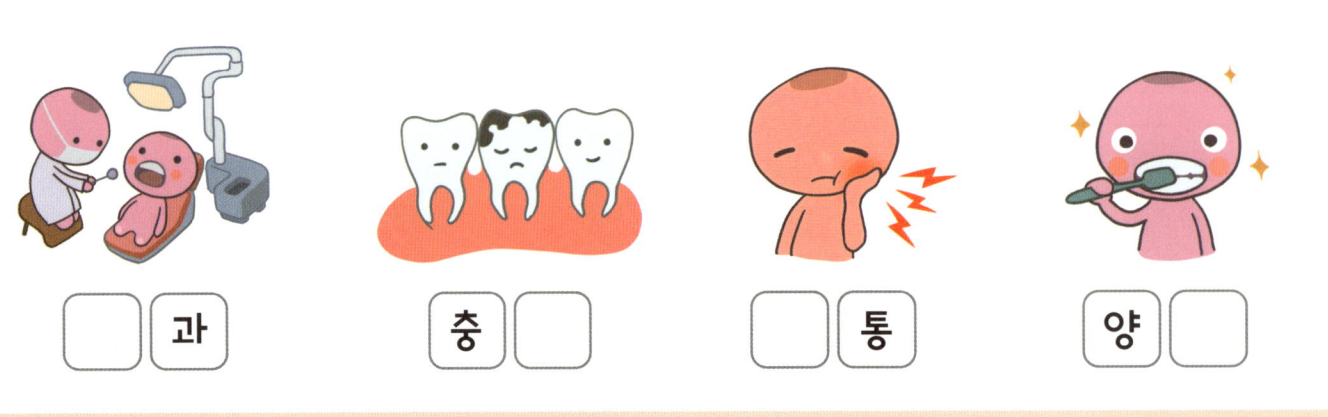

● 공통글자 : ☐   뜻 :

# 빈칸에 공통적으로 들어가는 글자와 그 글자의 뜻을 적어주세요

☐로    철☐    인☐ 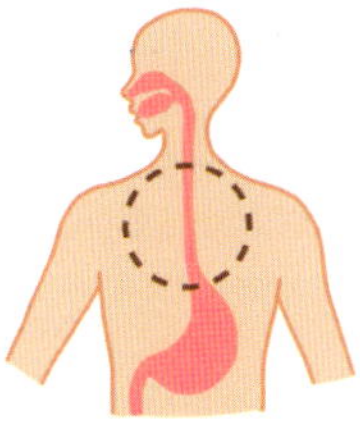   식☐

● 공통글자: ☐   뜻:

목☐ 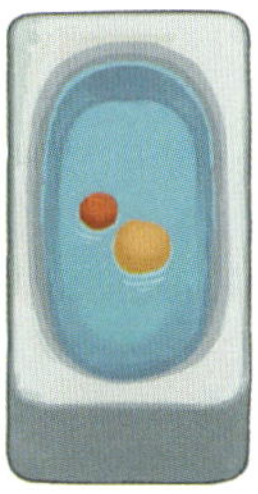   ☐조    족☐    해 수 ☐ 장

● 공통글자: ☐   뜻:

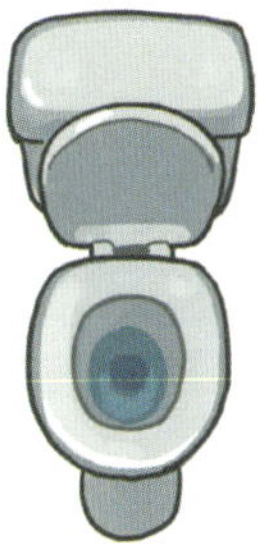

☐기    소☐    대☐    ☐비

● 공통글자: ☐   뜻:

정답 67-68p

내 친구를 찾아주세요

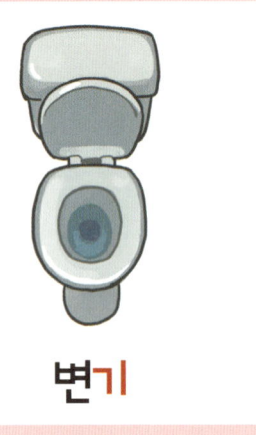
변기

변기는 똥오줌을 담는 **그릇**이라는 뜻입니다. 아래에서 **변기**의 **기**처럼 **그릇**을 뜻하는 어휘들을 찾아 **색칠**해주세요.

그림을 색칠해 주세요

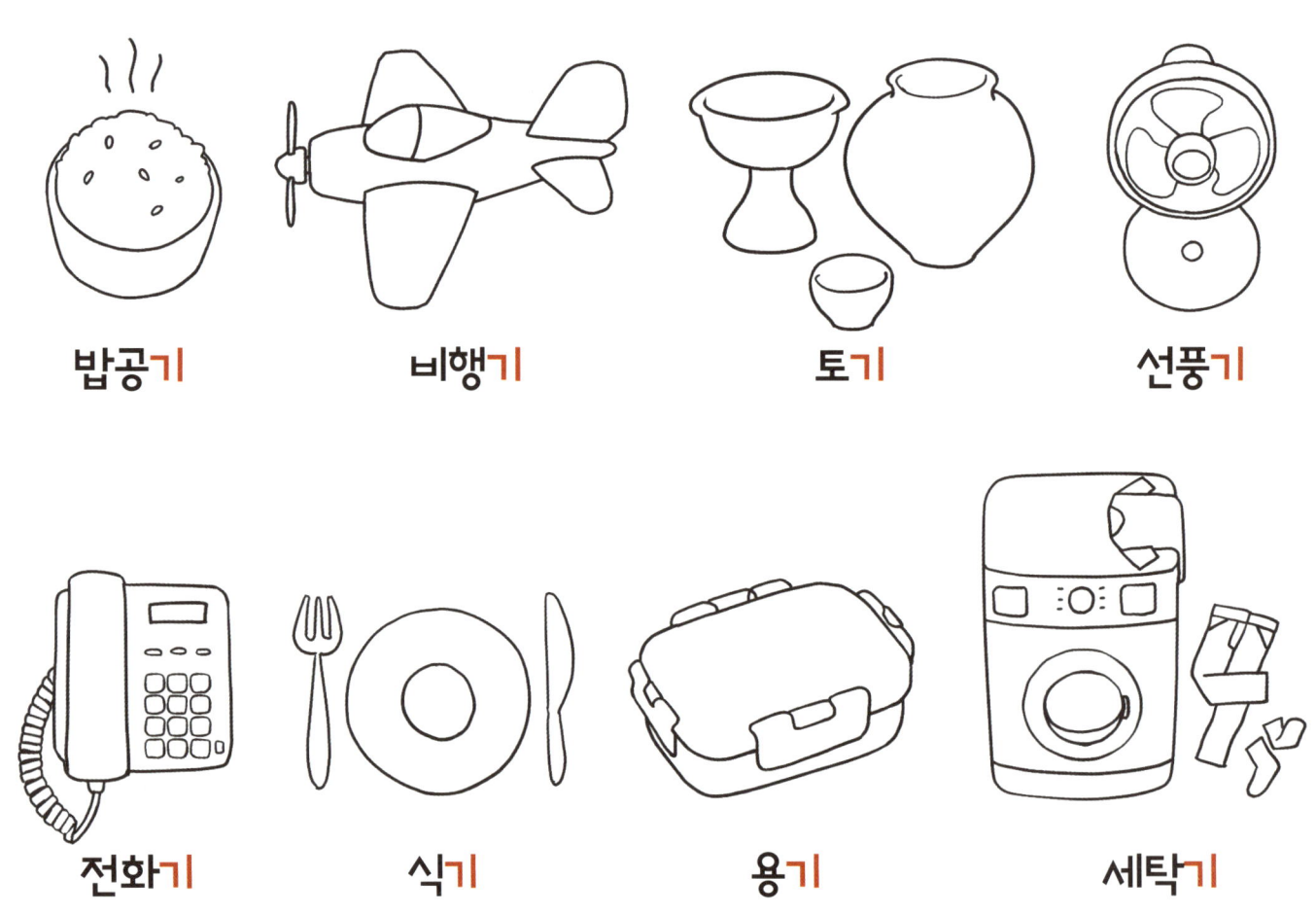

밥공기   비행기   토기   선풍기

전화기   식기   용기   세탁기

정답 67-68p

미로찾기
기계(움직여 일하는 장치)를 따라가세요

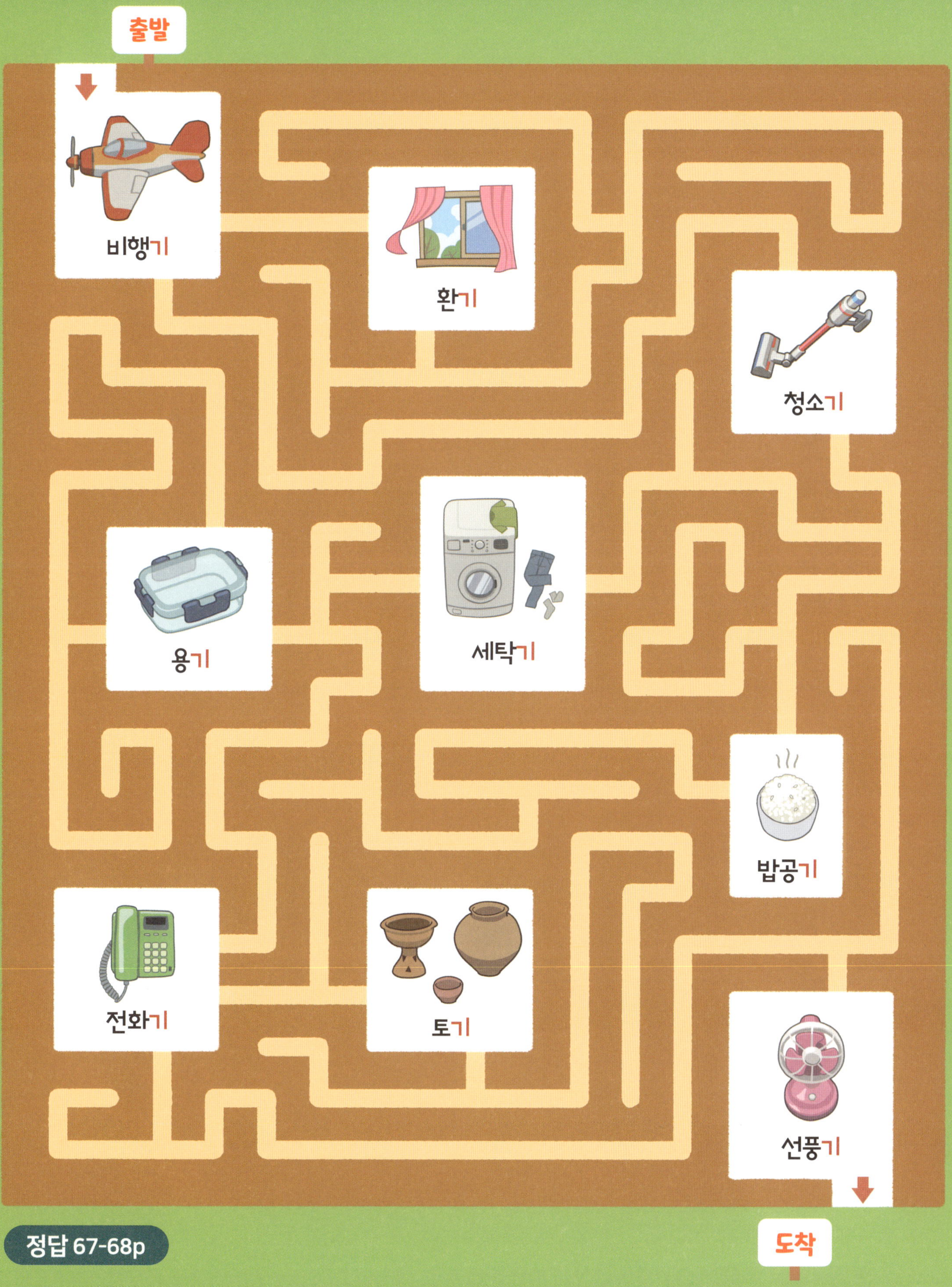

빈칸에 공통적으로 들어가는 글자와 그 글자의 뜻을 적어주세요

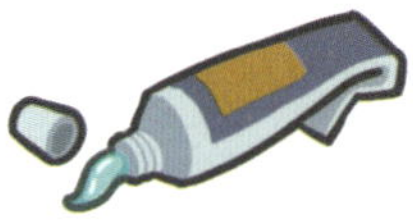

치 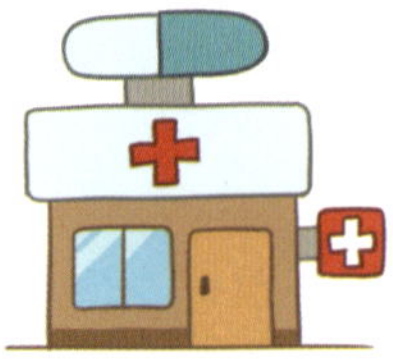 [ ]   [ ] 국 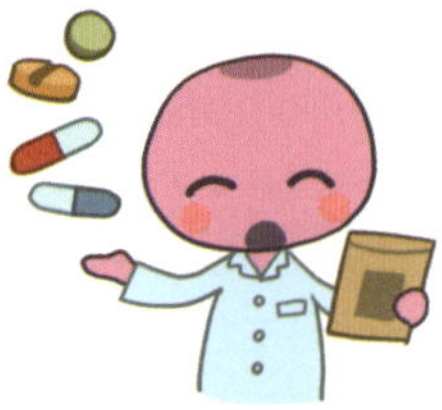   [ ] 사 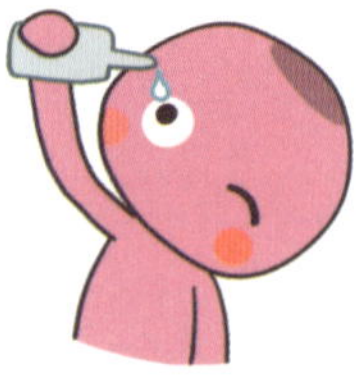   안 [ ]

● 공통글자 : [ ]   뜻 :

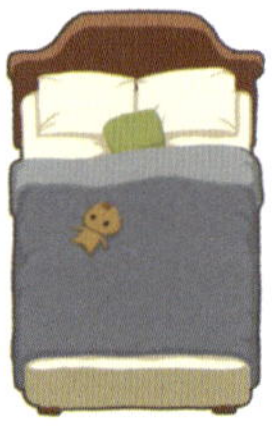

침 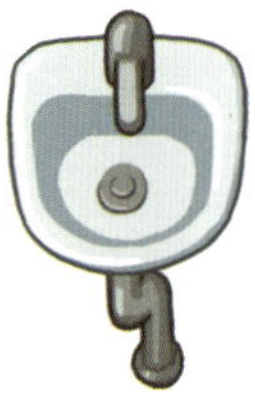 [ ]   세면 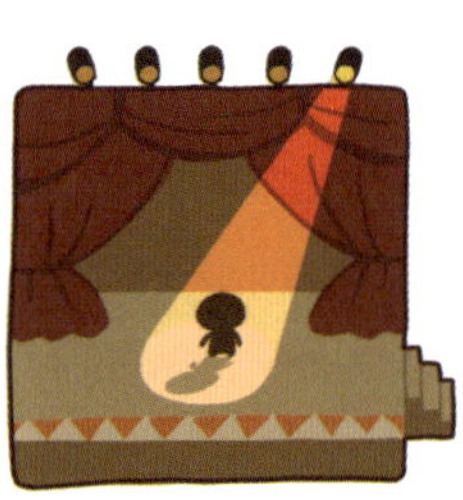 [ ]   무 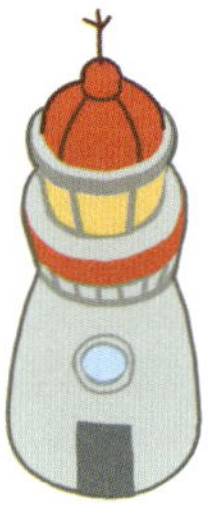 [ ]   등 [ ]

● 공통글자 : [ ]   뜻 :

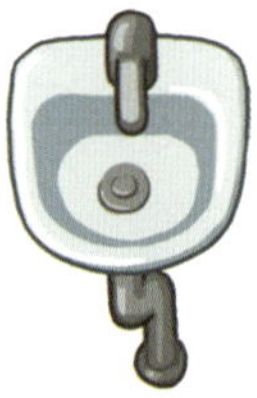

세 [ ] 대 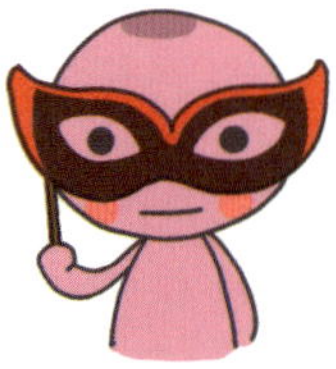   가 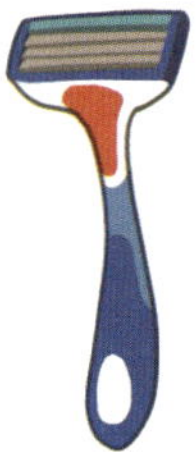 [ ]   [ ] 도 기 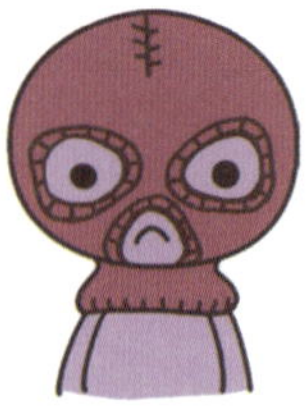   복 [ ]

● 공통글자 : [ ]   뜻 :

빈칸에 공통적으로 들어가는 글자와 그 글자의 뜻을 적어주세요

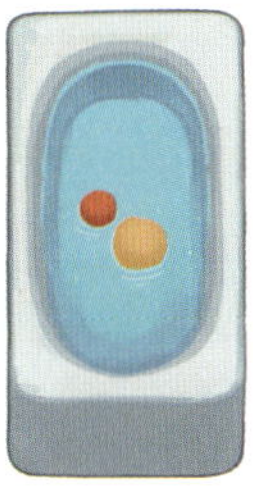

욕  ☐   수  ☐   유 ☐ 차

● 공통글자 : ☐   뜻 :

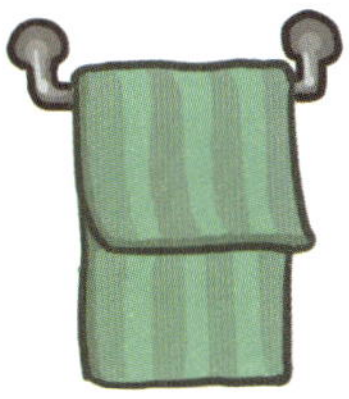

수  ☐   두  ☐   삼 각 ☐

● 공통글자 : ☐   뜻 :

교  ☐   ☐ 기    ☐ 승

● 공통글자 : ☐   뜻 :

정답 67-68p

내 친구를 찾아주세요

수건

수건은 **손**을 닦는 천이나 헝겊이라는 뜻입니다.
아래에서 **수**건의 **수**처럼 **손**을 뜻하는
어휘들을 찾아 **색칠**해주세요.

그림을 색칠해 주세요

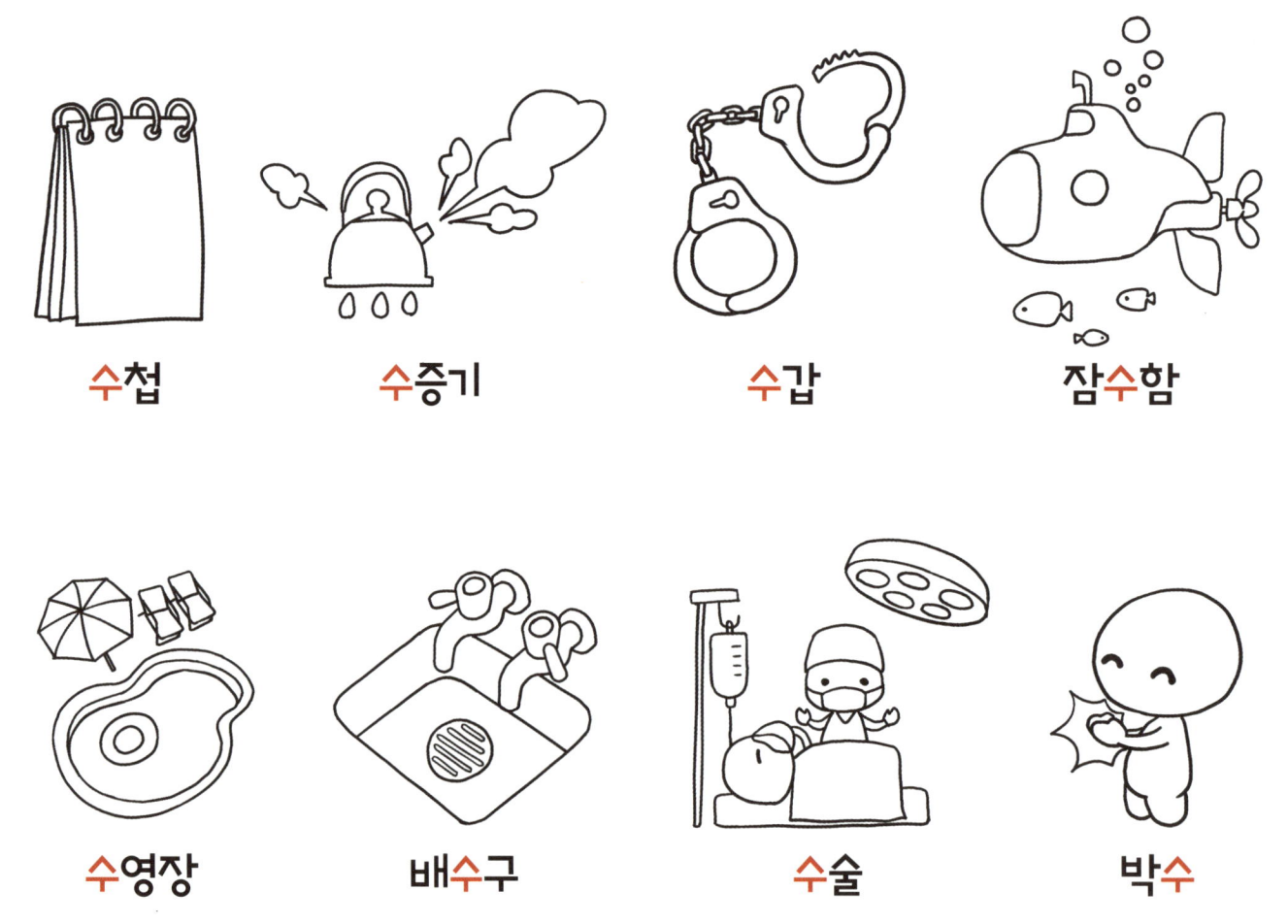

수첩   수증기   수갑   잠수함

수영장   배수구   수술   박수

정답 67-68p

미로찾기
물을 뜻하는 것을 따라가세요

출발

배수구 수증기 수갑 악수 잠수함 분수대 수첩 수술 침수

도착

정답 67-68p

단어에서 글자를 뺀 뒤 남은 글자의 뜻을 찾아주세요

정답 67-68p

변기 − 기 = 변	•	큰 통
욕조 − 욕 = ☐	•	바꾸다
수도 − 도 = ☐	•	똥오줌
수건 − 수 = ☐	•	천, 헝겊
치약 − 치 = ☐	•	물
세면대 − 면대 = ☐	•	아프지 않도록 먹거나 바르는 것
환풍기 − 풍기 = ☐	•	씻다

단어에서 글자를 뺀 뒤 남은 글자의 뜻을 찾아주세요

변기 − 변 = ☐	•	•	이(이빨)
욕조 − 조 = ☐	•	•	그릇
수도 − 수 = ☐	•	•	몸을 씻다
수건 − 건 = ☐	•	•	손
치약 − 약 = ☐	•	•	지나다니는 길
세면대 − 세면 = ☐	•	•	기계
환풍기 − 환풍 = ☐	•	•	높게 받쳐놓은 것

정답 67-68p

아래의 뜻을 모두 더한 뒤 알맞은 스티커를 빈칸에 붙여주세요 (스티커 4p)

물 + 지나다니는 길 + 꼭지	=	스티커
손 + 천, 헝겊	=	스티커
몸을 씻는 + 큰 통	=	스티커
똥오줌 + 그릇	=	스티커
이 + 아프지 않도록 바르는 것	=	스티커
바꾸다 + 바람(공기) + 기계	=	스티커
씻다 + 얼굴 + 높게 받쳐놓은 것	=	스티커

정답 67-68p

얼굴 면(面)의 두 가지 뜻
(①얼굴, ②겉 부분)을 기억해 보아요

얼굴 면(面)은 **사람의 얼굴과 눈**을 표현한 글자로 **얼굴**을 뜻합니다.
그런데 이러한 **얼굴**은 **겉으로 드러나는 부분**이기 때문에
얼굴 면(面)은 **겉 부분**을 뜻하기도 합니다.

아래는 얼굴 면(面)이 활용된 어휘들입니다. **얼굴**을 뜻하는 어휘에는 **동그라미**를,
겉 부분을 뜻하는 어휘에는 세모를 표시해주세요.

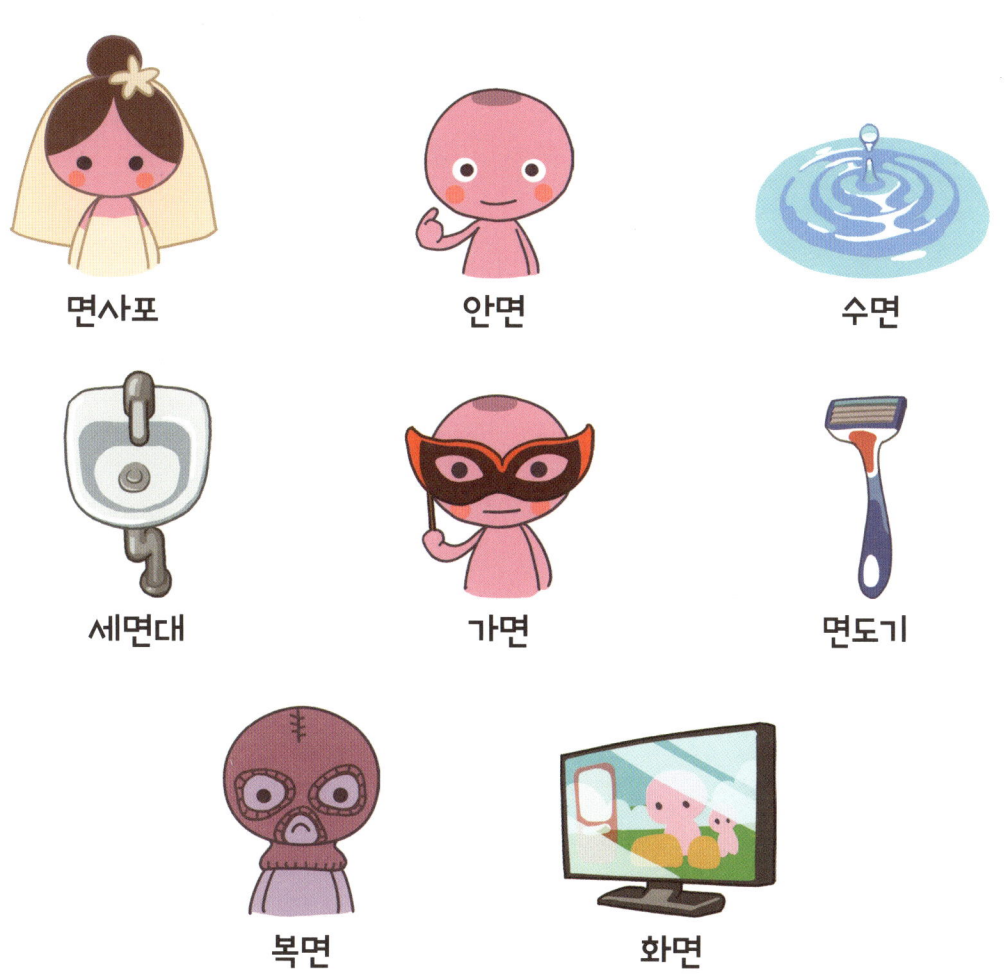

면사포　　안면　　수면

세면대　　가면　　면도기

복면　　화면

퀴즈
- 정육면체의 면이 뜻하는 것은?
  - 얼굴
  - 겉 부분

퀴즈
- 양면테이프의 면이 뜻하는 것은?
  - 얼굴
  - 겉 부분

정답 67-68p

그릇 기(器)의 두 가지 뜻 (①그릇, ②간단한 도구)을 기억해 보아요

그릇 기(器)는 고기(犬)를 여러 그릇(皿)에 나눠 담는 것을 표현한 글자로, 그릇을 뜻합니다. 그릇은 음식을 먹을 때 사용하는 도구이죠. 그래서 그릇 기(器)는 간단한 도구를 뜻하기도 합니다.

아래는 그릇 기(器)가 활용된 어휘들입니다. 그릇을 뜻하는 어휘에는 동그라미를, 간단한 도구를 뜻하는 어휘에는 세모를 표시해주세요.

식기   정수기   토기   무기
악기   밥공기   변기   면도기
주사기   분무기   용기

| 퀴즈 | • 소화기의 기가 뜻하는 것은?  | 퀴즈 | • 도자기의 기가 뜻하는 것은?  |

그릇 / 간단한 도구

그릇 / 간단한 도구

활동지 정답

활동지 정답

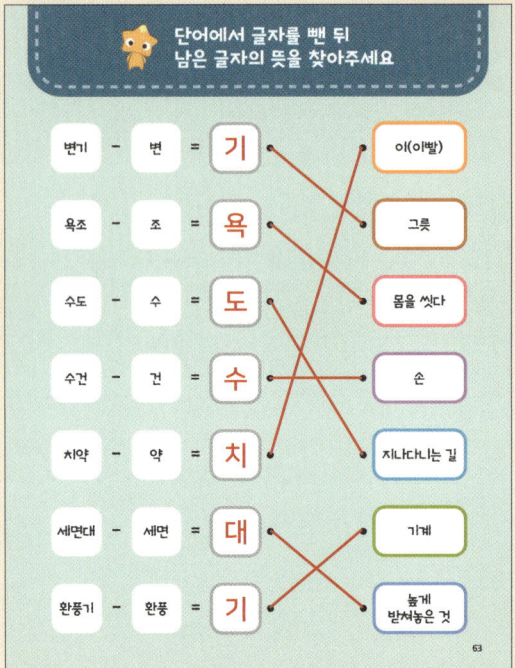

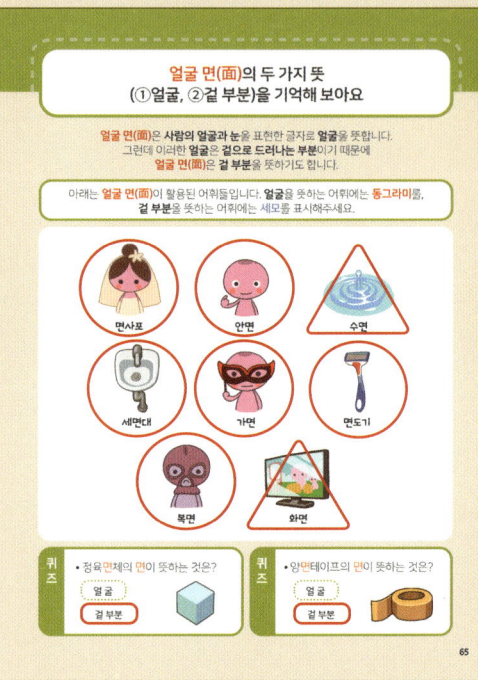

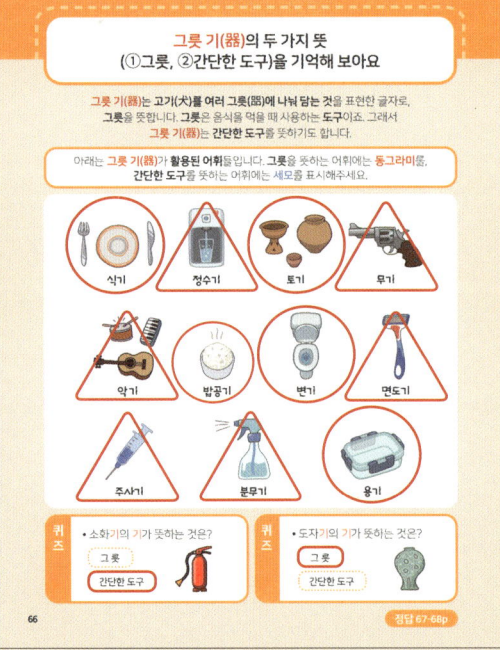

같은 뜻을 가진 어휘 뜻풀이

같은 뜻을 가진 어휘 뜻풀이

1. 목욕할 욕 (浴): 몸을 씻다

- **욕**실 [**浴**室, 집 실] 목욕하는 방.
- 좌**욕** [坐**浴**, 앉을 좌] 앉아서 허리 아래쪽만 목욕하는 일. 주로 치료나 건강을 위해 합니다.
- 입**욕**제 [入**浴**劑, 들 입, 약제 제] 욕조에 넣어 쓰는 약제(화장품). 좀 더 쾌적한 목욕을 위해 사용합니다.

2. 물 수 (水): 물

- **수**로 [**水**路, 길 로] 물이 다니는 길.
- **수**산 [**水**産, 낳을 산] 물에서 남. 예) 수산물: 물에서 나는 물고기, 조개, 해초 등을 말합니다.
- **수**재 [**水**災, 재앙 재] (장마나 홍수와 같은) 물로 인한 재난. 예) 수재민: 물로 인한 재난을 당한 사람.
- **수**분 [**水**分, 나눌 분] 물로 이루어진 부분, 또는 물의 축축한 기운.
  예) 수분크림: 피부에 수분을 보충하기 위해 바르는 크림.
- **수**력 [**水**力, 힘 력] (흐르거나 떨어지는) 물의 힘. 예) 수력발전: 물의 힘으로 전기를 만듦.
- **수**상 [**水**上, 윗 상] 물의 위. 예) 수상스키: 물 위에서 타는 스키.
- **수**질 [**水**質, 바탕 질] 물의 성질. 물의 오염도, 성분, 빛깔, 맛 등을 말합니다.
  예) 수질오염: 물이 더럽게 물듦.
- **수**평 [**水**平, 평평할 평] 잔잔한 수면처럼 평평한 상태. 한쪽으로 치우치지 않고 균형이 맞는 상태를 말합니다. 예) 수평선: 수면이 평평할 때의 선으로 물과 하늘이 맞닿아 경계를 이루며, 중력의 방향과 직각을 이룹니다.
- **수**위 [**水**位, 자리 위] (강, 바다, 호수, 저수지 등의) 수면의 위치(높이). 예문) 폭우로 인해 한강의 수위가 높아졌다. 또는, 어떤 일이 진행되는 정도를 비유적으로 가리키는 말이기도 합니다. 예문) 발언의 수위를 조절해야 한다.
- **수**준 [**水**準, 준할 준] (육지의 높이를 잴 때) 기준이 되는 수면의 위치(높이). 또는, 어떤 대상의 가치나 질에 대한 기준이 되는 정도를 뜻하기도 합니다. 예문) 호텔에서 제공하는 서비스의 수준이 높다.
- 온**수** [溫**水**, 따뜻할 온] 따뜻한 물.
- 냉**수** [冷**水**, 찰 냉] 차가운 물.
- 탈**수** [脫**水**, 벗을 탈] 물기를 뺌.
- 육**수** [肉**水**, 고기 육] 고기를 끓인 물.

같은 뜻을 가진 어휘 뜻풀이

- **단수** [斷水, 끊을 단] 물이 끊어짐. 물길이 막히거나 물길을 차단하여 물의 흐름을 끊는 것을 뜻합니다.
- **누수** [漏水, 샐 누] 물이 새는 것, 또는 새어나오는 물.
- **강수** [降水, 내릴 강] (비, 눈, 우박, 안개 등으로) 땅 위에 내린 물. 예) 강수량: 일정한 지역에 비, 눈, 우박 등의 형태로 내린 물의 총량.
- **저수** [貯水, 쌓을 저] 물을 모아놓는 것. 예) 저수지: 강이나 골짜기의 물을 막거나 수로로 물을 끌어들여 물을 모아놓는 인공 못으로 상수도, 수력발전, 관개 등의 여러 용도로 사용됩니다.
- **하수** [下水, 아래(질 낮을) 하] 질이 낮은 더러운 물. 가정이나 공장에서 사용한 후 버리는 더러운 물을 말합니다. 예) 하수도: 질이 낮은 더러운 물이 다니는 길.
- **호수** [湖水, 호수 호] 땅이 우묵하게 파여 물이 고어 있는 곳. 연못이나 늪보다 깊고 넓습니다.

3. 길 도 (道): 지나다니는 길, 통로

- **차도** [車道, 수레 차] 차가 다니는 길.
- **보도** [步道, 걸음 보] 걸어다니는 길, 또는 보행자가 다니는 길. 예) 보도블록: 보행자가 다니는 길에 깔아놓는 시멘트나 벽돌로 된 블록.
- **복도** [複道, 겹칠 복] 건물과 건물 사이를 잇는 통로. 원래는 건물과 건물 사이를 지날 때 비나 눈을 맞지 않도록 지붕을 씌워놓은 통로를 가리키던 말인데요. 의미가 확장되어 보통 건물 안의 통로를 뜻한다고 합니다.
- **적도** [赤道, 붉을 적] 붉은 길. 위도 0°의 선으로 지구 표면을 북반구와 남반구와 나누는 선입니다. 이러한 명칭은 옛날에 지도에 적도를 빨간 선으로 그어 표시한 것에서 유래되었다고 하는데요. 한편, 봄과 가을철에 태양이 지나는 길을 뜻하기도 합니다.
- **궤도** [軌道, 바퀴자국 궤] 수레가 지나가면서 바퀴자국이 난 길. 이 외에도 기차나 전차의 바퀴가 굴러가도록 레일을 깔아 놓은 길이나, 행성, 혜성, 인공위성 등이 중력의 영향을 받아 다른 천체의 둘레를 돌면서 그리는 길을 뜻하기도 합니다. 또한 비유적으로 일이 본격적으로 시작되어 발전하는 단계를 뜻하기도 하죠. 예문) 사업이 정상 궤도에 올랐다.
- **하수도** [下水道, 아래 하, 물 수] 질이 낮은 더러운 물이 다니는 길. 가정이나 공장에서 쓰고 버리는 더러운 물이나 빗물 따위가 흘러 빠지도록 만든 수도를 말합니다.
- **지하도** [地下道, 땅 지, 아래 하] 땅 밑으로 낸 길.
- **도중에** [道中에, 가운데 중] 길 가운데. 예문) 그녀는 너무나 지쳐 도중에 주저앉아 버렸다.

같은 뜻을 가진 어휘 뜻풀이

4. 똥오줌 변 (便): 똥오줌

- **변소** [便所, 바(장소) 소] 대소변을 보는 곳.
- **배변** [排便, 밀칠 배] 대변을 배출함. 대변을 몸 밖으로 밀어낸다는 뜻이죠.
- **용변** [用便, 쓸(하다) 용] 대변이나 소변을 봄.
- **숙변** [宿便, 잘(묵다) 숙] 장 속에 오래 묵어 있는 대변.
- **채변** [採便, 캘(수집하다) 채] 똥을 받음. 기생충의 감염 검사나 병리검사를 위해 합니다.
- **태변** [胎便, 아이 밸 태] 태아가 싸는 똥. 갓난아이가 먹은 것 없이 맨 처음 싸는 똥을 뜻합니다.
- **혈변** [血便, 피 혈] 피가 섞여 나오는 똥.

5. 그릇 기 (器): ① 그릇 ② (구조나 조작이) 간단한 도구

① 그릇

- **도자기** [陶瓷器, 질그릇 도, 사기그릇 자] 흙으로 빚어서 만든 그릇을 통틀어 이르는 말.
- **사기** [沙器, 모래 사] (백토를 물에 걸러서) 모래처럼 알갱이가 잔 흙으로 빚어 만든 그릇.
- **옹기** [甕器, 독(항아리) 옹] 진흙으로 구운 그릇.
- **석기** [石器, 돌 석] 돌로 만든 그릇이나 도구.
- **철기** [鐵器, 쇠 철] 철로 만든 그릇이나 도구.
- **제기** [祭器, 제사 제] 제사에 쓰는 그릇.

② (구조나 조작이) 간단한 도구

- **흉기** [凶器, 흉할 흉] 사람을 죽이거나 해치는 데 쓰는 도구.
- **총기** [銃器, 총 총] 권총, 기관총, 소총, 엽총 따위의 무기를 통틀어 이르는 말.
- **역기** [力器, 힘 역] 역도라는 운동을 할 때 사용하는 도구. 쇠막대 양쪽에 원반 모양의 쇳덩이가 달려있습니다. 역도란 사람의 체중에 따라 일정한 무게의 역기를 들어 올려 그 중량을 겨루는 운동경기입니다.
- **각도기** [角度器, 뿔 각, 헤아릴 도] 각의 정도(크기)를 재는 도구.
- **소화기** [消火器, 사라질 소, 불 화] 불이 났을 때 불을 끄는 도구.

같은 뜻을 가진 어휘 뜻풀이

6. 바꿀 환 (換): 바꾸다

- **환**절기 [**換**節期, 마디 절, 기약할 기] 절기(계절)가 바뀌는 시기.
- **환**전 [**換**錢, 돈 전] 서로 종류가 다른 화폐와 화폐를 바꿈. 예문) 우리나라 돈인 원화를 미국 돈인 달러로 환전했다.
- **환**율 [**換**率, 비율 율] 한 나라의 화폐와 외국 화폐의 교환 비율.
- 호**환** [互**換**, 서로 호] 이것과 저것을 서로 맞바꿈. 예문) 이 부품은 가지고 계신 컴퓨터 부품과 호환가능합니다.

7. 바람 풍 (風): 바람

- 태**풍** [颱**風**, 태풍 태] 몹시 부는 바람. 북태평양 남서부에서 발생하여 아시아 대륙 동부로 불어오는 맹렬한 열대성 저기압을 가리키는 말입니다.
- 폭**풍** [暴**風**, 사나울 폭] 매우 세차게 부는 바람.
- 미**풍** [微**風**, 작을 미] 약하게 부는 바람.
- 순**풍** [順**風**, 순할 순] 순하게 부는 바람.
- 온**풍** [溫**風**, 따뜻할 온] 따뜻한 바람.
- 해**풍** [海**風**, 바다 해] 바다에서 불어오는 바람.
- 광**풍** [狂**風**, 미칠 광] 미친 듯이 사납게 부는 바람.
- 열**풍** [烈**風**, 매울 열] 맹렬(사납고 세차게)하게 부는 바람. 또는, 매우 세차게 일어나는 기운이나 기세를 비유적으로 이르는 말이기도 합니다. 예문) 동남아시아에 K-pop 열풍이 분다.
- 돌**풍** [突**風**, 갑자기 돌] 갑자기 세차게 부는 바람. 또는, 사회적으로 갑작스러운 영향을 미치거나 관심을 모으는 현상을 비유적으로 이르는 말이기도 합니다. 예문) 신인선수가 이번 대회에서 돌풍을 일으켰다.
- 병**풍** [屛**風**, 병풍 병] 바람을 막거나 무언가를 가리거나, 또는 장식용으로 방안에 치는 물건. 주로 제사를 지낼 때 많이 사용됩니다.

같은 뜻을 가진 어휘 뜻풀이

8. 틀 기 (機): 기계 (움직여 일하는 장치)

- **항공기** [航空機, 배 항, 빌 공] 사람이나 물건을 태우고 공중을 날아다니는 기계. 대표적으로, 기구, 글라이더, 여객기, 비행선, 헬리콥터 등이 이에 해당됩니다.
- **여객기** [旅客機, 나그네 여, 손 객] 여행을 하는 사람들을 태워 나르는 비행기.
- **승강기** [昇降機, 오를 승, 내릴 강] 사람이나 짐을 위아래로 실어나르는 기계.
- **굴착기** [掘鑿機, 팔 굴, 뚫을 착] 땅이나 암석 등을 파거나 뚫는 기계.
- **경운기** [耕耘機, 밭갈 경, 김맬 운] 논밭을 갈고 김을 매는 기계.
- **기중기** [起重機, 일어날 기, 무거울 중] 무거운 물건을 들어 올려 위아래, 또는 좌우로 이동시키는 기계.
- **기능** [機能, 능할 능] 기계가 어떤 일을 해내는 능력.

9. 손 수 (手): ① 손 ② 재주나 솜씨 ③ 재주나 솜씨가 좋은 사람

① 손

- **수화** [手話, 말씀 화] 손으로 하는 대화. 청각 장애인과 언어 장애인들 사이에서 쓰이는 손짓으로 하는 대화법을 말합니다.
- **수동** [手動, 움직일 동] (기계가 아닌) 손으로 움직임. ↔ 자동.
- **수제** [手製, 지을 제] 손으로 만듦. 예) 수제화: 손으로 직접 만든 신발.
- **수류탄** [手榴彈, 석류나무 류, 탄알 탄] 손으로 던져 폭발시키는 폭탄. 수류탄이라는 이름은 폭탄이 석류열매의 모양과 특징을 닮아 얻게 된 명칭입니다. 석류열매는 다 익으면 껍질이 저절로 터지고 씨가 떨어집니다. 수류탄도 터질 때 주변으로 파편이 튀는 것이 특징이죠.
- **입수** [入手, 들 입] 손에 들어옴. 예) 정보입수.
- **실수** [失手, 잃을 실] 손에서 물건을 놓침. 다시 말해, 부주의로 잘못을 저지르는 것을 뜻합니다.
- **착수** [着手, 붙을 착] 어떤 일에 손을 대어 시작함. 예) 공사착수.
- **거수** [擧手, 들 거] 손을 들어 올림. 예) 거수경례 : 오른손을 들어올려서 하는 공경을 나타내는 인사.

② 재주나 솜씨, 기술이나 실력

- **수단** [手段, 층계 단] 일을 처리하는 재주나 솜씨. 예문) 그녀는 사람들을 설득하는 수단이 남다르다. 또는, 목적을 이루기 위한 방법이나 도구. 예) 생계수단 : 살림을 살아 나가기 위해 이용하는 방법이나 도구.

같은 뜻을 가진 어휘 뜻풀이

- **수법** [手法, 법 법] 어떤 일을 하는 수단과 방법. 예문) 그는 대담한 수법으로 범행을 저질렀다.
- **고수** [高手, 높을 고] 어떤 분야에서 수준이 높은 재주나 솜씨, 또는 그런 기술이나 실력을 가진 사람.
- **하수** [下手, 아래 하] 수준이 낮은 재주나 솜씨, 또는 그런 기술이나 실력을 지닌 사람.

③ 재주나 솜씨가 좋은 사람, 어떤 일을 잘하는 사람
- **가수** [歌手, 노래 가] 노래를 잘 부르는 사람. 보통 노래 부르는 일을 직업으로 삼는 사람을 뜻합니다.
- **포수** [砲手, 대포 포] 총이나 포를 잘 쏘는 사람. 보통 총으로 짐승을 잡는 사냥꾼이나 포 쏘는 일을 맡아하는 군사를 뜻합니다.
- **궁수** [弓手, 활 궁] 활을 잘 쏘는 사람. 보통 활 쏘는 일을 맡아 하는 군사를 뜻합니다.
- **선수** [選手, 가릴 선] 대표로 뽑혀 경기에 나갈만큼 운동을 잘 하는 사람. 보통 그런 일을 직업으로 하는 사람을 뜻합니다. 예) 육상선수. 또한, 운동 외에도 어떤 분야에서 재주나 솜씨가 좋은 사람을 뜻하기도 합니다.
- **투수** [投手, 던질 투] (야구에서) 상대편 타자가 칠 공을 던지는 선수.
- **포수²** [捕手, 잡을 포] (야구에서) 본루를 지키며 투수가 던지는 공을 받는 선수.
- **공격수** [攻擊手, 칠 공, 칠 격] (축구나 배구에서) 공격을 맡아서 하는 선수.

10. 씻을 세 (洗): 씻다

- **세탁** [洗濯, 씻을 탁] 더러운 옷이나 가죽을 깨끗하게 빠는 일. 예) 세탁소: 빨래를 해 주는 곳.
- **세안** [洗顔, 낯(얼굴) 안] 얼굴을 씻음.
- **세척** [洗滌, 씻을 척] 깨끗이 씻음.
- **세례** [洗禮, 예도 례] (기독교, 천주교에서) 모든 죄를 씻는 의식.
- **수세식** [水洗式, 물 수, 법 식] 변기를 물로 씻어내는 방식. 변기의 배설물을 처리하는 방법 중 하나입니다.
- **푸세식** [푸洗式, 법 식] 변기를 퍼내서 씻어내는 방식. 변기의 배설물을 화장실 바닥에 모았다가, 나중에 한꺼번에 배설물을 퍼내는 방식의 화장실로 수세식 화장실에서 유추하여 생긴 말입니다.

같은 뜻을 가진 어휘 뜻풀이

11. 얼굴 면 (面): ① 얼굴 ② 겉 부분

① 얼굴

- **면접 [面接, 이을 접]** 직접 만나 얼굴을 봄. 보통, 직접 만나 인품이나 언행따위를 평가하는 시험을 뜻합니다.
- **면상 [面像, 모양 상]** 얼굴의 생김새, 또는 얼굴 모양.
- **면전 [面前, 앞 전]** 얼굴 앞.
- **면박 [面駁, 논박할 박]** 면전에서 꾸짖거나 나무람.
- **구면 [舊面, 옛 구]** 예전부터 알고 있는 얼굴, 또는 아는 사람.
- **초면 [初面, 처음 초]** 처음 보는 얼굴, 또는 처음 보는 사람.
- **대면 [對面, 대할 대]** 서로 얼굴을 마주보고 대함.

② 겉 부분 (겉으로 드러나 눈에 보이는 부분)

- **표면 [表面, 겉 표]** 사물의 겉 부분. 즉 사물의 가장 바깥 면이나 겉으로 나타나 눈에 보이는 부분을 가리키는 말입니다.
- **내면 [內面, 안 내]** 안쪽 면. 표면과 달리 밖으로 드러나지 않는 면을 말하는데요. 사람의 심리적, 정신적인 측면을 가리키는 말이기도 합니다.
- **양면 [兩面, 두 양]** 두 개의 면. 또는, 겉면과 안쪽 면을 동시에 뜻하는 말이기도 합니다.
  예) 양면 테이프
- **평면 [平面, 평평할 평]** 평평한 표면.
- **지면 [紙面, 종이 지]** 종이의 표면. 인쇄물의 기사나 글이 실리는 면을 말합니다.
- **노면 [路面, 길 노]** 길의 표면.
- **벽면 [壁面, 벽 벽]** 벽의 표면.
- **정면 [正面, 바를 정]** 앞쪽 면, 또는 마주보는 면. 에두르지 않고 직접 마주 대하는 것을 뜻하기도 합니다. 예) 정면 돌파
- **측면 [側面, 곁 측]** 옆쪽 표면. 왼쪽이나 오른쪽 면을 뜻합니다.
- **삼면 [三面, 석 삼]** 세 개의 면. 예문) 한국은 삼면이 바다로 둘러싸인 반도국이다.
- **육면 [六面, 여섯 육]** 여섯 개의 면. 예) 정육면체: 여섯 개의 면이 모두 정사각형인 평행 육면체.

같은 뜻을 가진 어휘 뜻풀이

12. 대 대 (臺): 높게 받쳐놓은 것, 높은 곳에 세운 건물

- **지휘대** [指揮臺, 가리킬 지, 휘두를 휘] 지휘자가 지휘할 때 올라갈 수 있도록 높게 받쳐놓은 것.
- **전망대** [展望臺, 펼 전, 바랄 망] 멀리 바라볼 때 올라갈 수 있도록 높게 받쳐놓은 것.
- **천문대** [天文臺, 하늘 천, 글월 문] 천문 현상을 관측할 때 올라갈 수 있도록 높게 받쳐놓은 것, 또는 높은 곳에 세운 건물.
- **진열대** [陳列臺, 베풀 진, 벌릴 열] 물건이나 상품을 진열할 수 있도록 높게 받쳐놓은 것.
- **가판대** [街販臺, 거리 가, 팔 판] 거리에서 판매할 물건을 올려놓을 수 있도록 높게 받쳐놓은 것.
- **발사대** [發射臺, 필 발, 쏠 사] 미사일이나 로켓을 발사할 때 올려놓을 수 있도록 높게 받쳐놓은 것.

13. 약 약 (藥): 아프지 않도록 먹거나 바르는 것

- **약수** [藥水, 물 수] (먹거나 몸을 담그면) 약효가 있는 물. 예) 약수터 : 약수가 나는 곳.
- **한약** [韓藥, 한국 한] 한의원에서 쓰는 약. 주로 풀뿌리, 열매, 나무껍질 등을 약재로 사용합니다.
- **농약** [農藥, 농사 농] 농작물에 사용하는 약품. 농작물이 아프지 않고 잘 자라도록, 농작물에 해로운 벌레, 병균, 잡초 따위를 없애는데 사용합니다.

우리집 화장실 색칠하기

그림을 자유롭게 색칠해 보세요

그림카드와 스티커

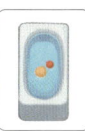 

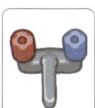 

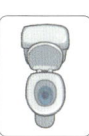 

그림카드 활용법

앞에서 학습한 목표 어휘들을 낱말카드를 활용하여 복습해보는 시간입니다. 그림을 보고 어휘나 어휘의 뜻을 이야기 해 보거나, 같은 의미를 가진 어휘들로 분류해 봅니다. 그림카드 활동에 스피드 게임이나 카드 게임처럼 게임적인 요소를 가미하면 더 즐겁게 활동할 수 있습니다.

짝 찾기 게임

1. 그림카드를 골고루 섞어줍니다.

2. 그림카드 12장을 그림이 보이도록 펼쳐놓습니다. (4×3 대열)

3. 차례는 게임 참여자들 중 가장 어린 사람부터 시작하여 시계방향으로 돌아갑니다.

4. 차례가 된 사람은 12장의 그림 카드 중에 같은 뜻(한자)을 가진 그림카드를 두 장을 뽑아 뒤집습니다. 같은 뜻이 활용된 어휘가 맞으면 뒤집은 두 장의 카드를 가져가고 다시 두 장의 카드를 뽑아 뒤집습니다.

5. 만약 서로 다른 뜻의 카드를 뒤집었거나, 펼쳐놓은 카드 중에 더 이상 같은 뜻의 카드가 없을 때에는 다음 사람에게 차례가 넘어갑니다.

6. 다음 사람이 게임을 시작하기 전, 빈자리에 다시 카드를 채워 12장이 되도록 합니다.

7. 위의 과정을 반복합니다.

8. 더 이상 짝이 맞는 카드가 없으면 게임은 종료됩니다.

9. 카드를 제일 많이 가져간 사람이 승자가 됩니다.

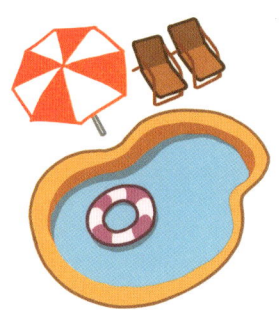   

해수욕
海水浴
바다 해, 물 수, 씻을 욕

바닷물에 몸을 씻음
바닷물에서 헤엄치거나 노는 것을 뜻합니다.

족욕
足浴
발 족, 씻을 욕

발을 씻음

목욕
沐浴
씻을 목, 씻을 욕

몸을 씻음

욕조
浴槽
씻을 욕, 구유(큰 통) 조

몸을 씻는 큰 통

수증기
水蒸氣
물 수, 찔(끓일) 증, 공기(기체) 기

물이 뜨거워져서 기체가 된 것

수도꼭지
水道꼭지
물 수, 길 도

물이 지나다니는 길의 꼭지

유조차
油槽車
기름 유, 구유(큰통) 조, 수레(차) 차

기름을 담아두는 큰 통을 운반하는 차

수조
水槽
물 수, 구유(큰통) 조

물을 담아두는 큰 통

잠수함
潛水艦
잠길 잠, 물 수, 큰 배 함

물속에 잠겨서 다니는 배

침수
沈水
잠길 침, 물 수

물에 잠김

정수기
淨水器
깨끗할 정, 물 수, 그릇(도구) 기

물을 깨끗하게 해주는 도구

수영장
水泳場
물 수, 헤엄칠 영, 마당(장소) 장

물에서 헤엄칠 수 있는 장소

수면
水面
물 수, 얼굴(겉 부분) 면

물의 겉 부분

분수대
噴水臺
뿜을 분, 물 수, 대 대

물을 뿜어내는 시설을 높게 받쳐놓은 것
공원이나 광장을 보기좋게 꾸미기 위해 설치합니다.

배수구
排水口
밀칠(빼다) 배, 물 수, 입(구멍) 구

물을 빼내기 위해 만든 구멍

식수
食水
먹을 식, 물 수

먹는 물

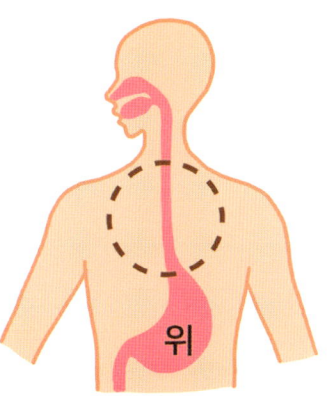

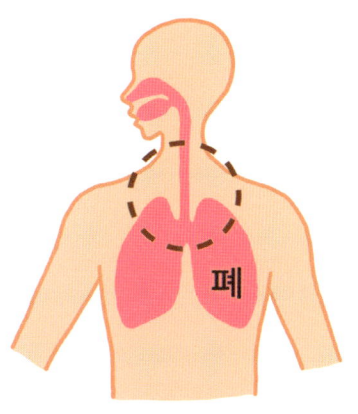

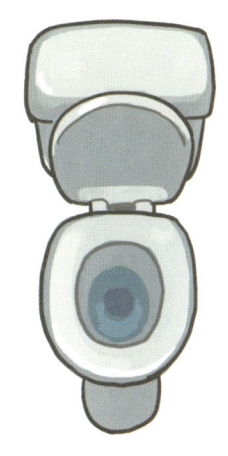

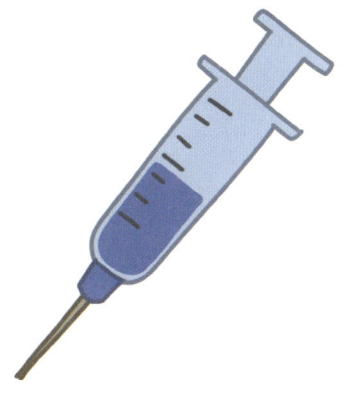

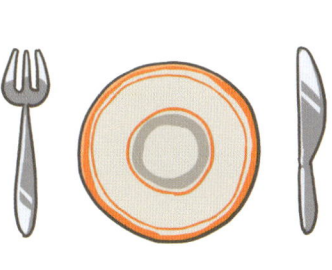

인도	식도	횡단보도	도로
人道	食道	橫斷步道	道路
사람 인, 길 도	밥(음식) 식, 길 도	가로 횡, 자를 단, 걸음 보, 길 도	길 도, 길 로
사람이 다니는 길	(입에서 위까지 이어지는) 음식물이 지나가는 길	찻길을 가로로 잘라 보행자가 건너다니도록 만들어 놓은 길	(사람이나 차가) 지나다니는 길

대변	변기	철도	기도
大便	便器	鐵道	氣道
큰 대, 똥오줌 변	똥오줌 변, 그릇 기	쇠 철, 길 도	공기 기, 길 도
똥	똥오줌 그릇	(열차가 다니도록) 철로 만든 길	(코에서 폐까지 이어지는) 공기가 지나다니는 길

악기	용기	소변	변비
樂器	容器	小便	便祕
노래 악, 그릇(도구) 기	얼굴(담다) 용, 그릇 기	작을 소, 똥오줌 변	똥오줌 변, 숨길 비
음악을 연주하는 데 쓰이는 도구	물건을 담는 그릇	오줌	대변이 잘 나오지 않는 병

식기	분무기	밥공기	주사기
食器	噴霧器	밥空器	注射器
밥(음식) 식, 그릇 기	뿜을 분, 안개 무, 그릇(도구) 기	빌 공, 그릇 기	부을 주, 쏠 사, 그릇(도구) 기
음식을 담는 그릇	액체를 안개처럼 뿜어내는 도구	밥을 담는 빈 그릇	(주로, 약물을 몸 안에) 집어넣는 도구

교환	환풍기	토기	무기
交換	換風機	土器	武器
사귈(서로) 교, 바꿀 환	바꿀 환, 바람 풍, 틀(기계) 기	흙 토, 그릇 기	호반(무사) 무, 그릇(도구) 기
서로 바꿈	바람을 일으켜 실내 공기를 바꿔주는 기계	흙으로 만든 그릇	싸울 때 사용되는 도구

소풍	선풍기	환승	환기
逍風	扇風機	換乘	換氣
노닐 소, 바람 풍	부채 선, 바람 풍, 틀(기계) 기	바꿀 환, 탈 승	바꿀 환, 기운 기
바람을 쐬러 야외로 나가 놀다오는 일	부채처럼 바람을 일으키는 기계	차를 바꾸어 탐	공기를 바꿈

비행기	풍차	풍선	강풍
飛行機	風車	風船	強風
날 비, 다닐 행, 틀(기계) 기	바람 풍, 수레(바퀴) 차	바람 풍, 배(뜨다) 선	강할 강, 바람 풍
공중으로 날아다니는 기계	바람으로 돌아가는 바퀴모양의 장치 바람의 힘을 기계적인 힘으로 바꿔 줍니다.	고무주머니에 바람(기체)을 넣어 공중으로 뜨게 만든 것	강하게 부는 바람

세탁기	전화기	청소기	사진기
洗濯機	電話機	淸掃機	寫眞機
씻을 세, 씻을(빨다) 탁, 틀(기계) 기	번개(전기) 전, 말씀 화, 틀(기계) 기	맑을(깨끗) 청, 쓸 소, 틀(기계) 기	베낄 사, 참(진짜) 진, 틀(기계) 기
옷을 깨끗하게 빨아주는 기계	전파를 통해 멀리 있는 사람과 이야기를 할 수 있게 해주는 기계	먼지를 깨끗하게 쓸고 닦아주는 기계	물건의 모양을 그 모습 그대로 그려주는 기계

수갑
手匣
손 수, 갑(가두다) 갑

자유롭게 움직이지 못하도록 양쪽 손목에 걸쳐서 채우는 것

세수
洗手
씻을 세, 손 수

손과 얼굴을 씻음

박수
拍手
칠 박, 손 수

두 손을 마주 침

수건
手巾
손 수, 헝겊 건

손을 닦는 천

삼각건
三角巾
석(셋) 삼, 뿔(모서리) 각, 헝겊 건

(치료할 때 사용하는) 삼각형 모양의 천이나 헝겊

두건
頭巾
머리 두, 헝겊 건

머리에 두르는 천이나 헝겊

악수
握手
쥘(잡다) 악, 손 수

(인사, 화해, 감사의 표현으로) 두 사람이 손을 맞잡음

수첩
手帖
손 수, 문서(공책) 첩

손에 들고 다니는 작은 공책

세차
洗車
씻을 세, 수레(차) 차

차를 씻음

세제
洗劑
씻을 세, 약제 제

더러운 것을 씻어주는 약

손세정제
손洗淨劑
씻을 세, 깨끗할 정, 약제 제

손을 깨끗하게 해주는 약

세면대
洗面臺
씻을 세, 얼굴 면, 대 대

얼굴을 씻도록 시설을 갖추어 높게 받쳐놓은 것

면도기
面刀器
얼굴 면, 칼(깎다) 도, 그릇(도구) 기

얼굴의 털을 깎는 도구

가면
假面
거짓 가, 얼굴 면

(얼굴을 감추거나 꾸미려고 쓰는) 가짜 얼굴

복면
覆面
덮을 복, 얼굴 면

(헝겊 등으로) 얼굴을 덮어 가림

면사포
面紗布
얼굴 면, 비단(천) 사, 베(천) 포

(결혼식 때 신부의) 얼굴을 가리는 하얀 천

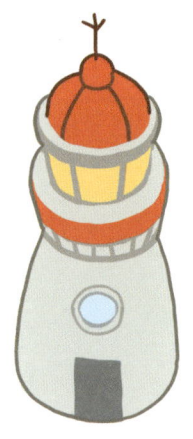

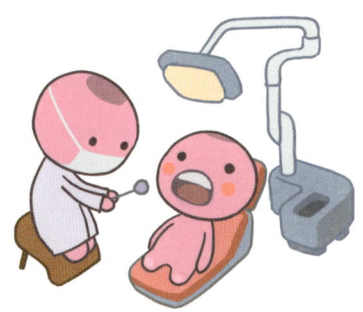
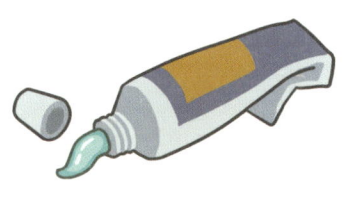
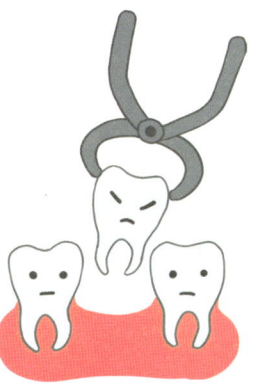
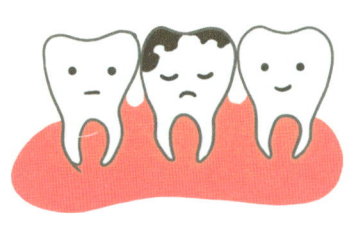

건조대
乾燥臺
마를 건, 마를 조, 대 대

젖은 물건을 올려놓고
말릴 수 있도록
높게 받쳐놓은 것

계산대
計算臺
셀 계, 셈 산, 대 대

물건을 올려놓고
계산할 수 있도록
높게 받쳐놓은 것

안면
顔面
낯(얼굴) 안, 얼굴 면

얼굴

화면
畫面
그림 화, 얼굴(겉) 면

그림이 나오는 겉 부분

삼각대
三脚臺
석(셋) 삼, 다리 각, 대 대

발이 세 개 달려서
사진기 같은 물건을
높게 받쳐주는 것

침대
寢臺
잘 침, 대 대

올라가 누워 잘 수 있도록
높게 받쳐놓은 것

화장대
化粧臺
될 화, 꾸밀 장, 대 대

화장품이나 거울을 올려놓고
얼굴을 꾸밀 수 있도록
높게 받쳐놓은 것

등대
燈臺
등(등불) 등, 대 대

(바다에서 배가 볼 수 있도록)
등불을 높게 받쳐놓은 것

발치
拔齒
뽑을 발, 이 치

이를 뽑음

치약
齒藥
이 치, 약 약

이를 닦는 약

치과
齒科
이 치, 과목 과

이가 아플 때
치료하러 가는 병원

무대
舞臺
춤출 무, 대 대

무용이나 연극을 하는 곳이
잘 보이도록
높게 받쳐놓은 것

양치
養齒
기를(돌보다) 양, 이 치

이를 돌보는 일
이를 닦고 입안을
헹구는 것을 뜻합니다.

치통
齒痛
이 치, 아플 통

이가 아픈 것

칫솔
齒솔
이 치

이를 닦는 솔

충치
蟲齒
벌레 충, 이 치

벌레가 파먹은 것처럼
썩은 이

 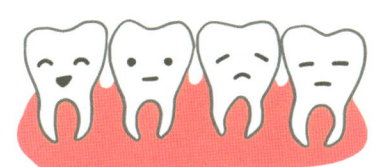  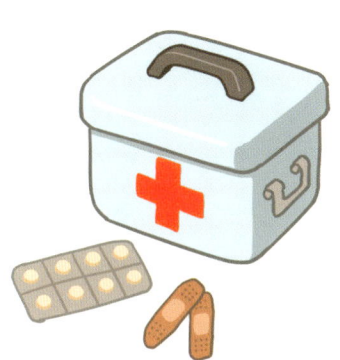

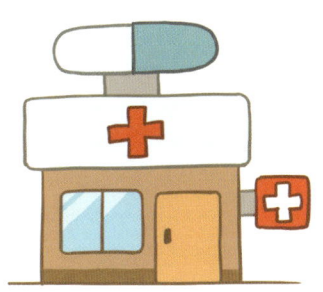   

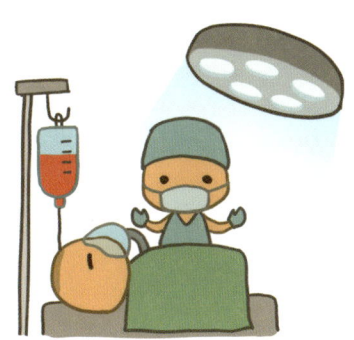

구급약
救急藥
구원할 구, 급할 급, 약 약

아픈 사람을 급하게
치료할 때 쓰는 약

독약
毒藥
독 독, 약 약

독성을 가진 약

치아
齒牙
이 치, 어금니 아

이

설치류
齧齒類
물(갈다) 설, 이 치, 무리 류

(이가 계속 자라나기 때문에)
이를 가는 동물의 종류
쥐나 다람쥐 같은 동물들이
이 종류에 속합니다.

약초
藥草
약 약, 풀 초

약으로 쓰는 풀

약사
藥師
약 약, 스승(전문가) 사

약을 만들거나 파는 일을
전문적으로 하는 사람

안약
眼藥
눈 안, 약 약

눈병을 고치는데 쓰는 약

약국
藥局
약 약, 판(곳) 국

약을 만들거나 파는 곳

수술
手術
손 수, 재주(기술) 술

손 기술
병을 치료하기 위해 몸이나
피부를 손으로 자르거나 째거나
도려내는 일을 말합니다.

욕조 (11-13p)

수도 (15-17p)

스티커 1p

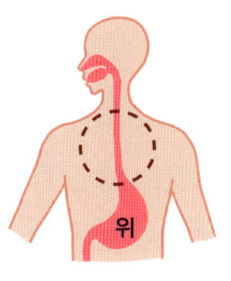

변기 (22-23p)

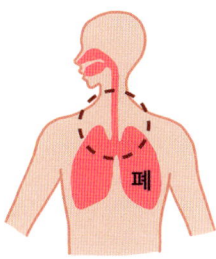

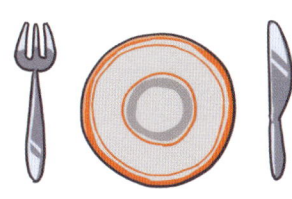

환풍기 (27-29p)

스티커 2p

수건 (33-35p)

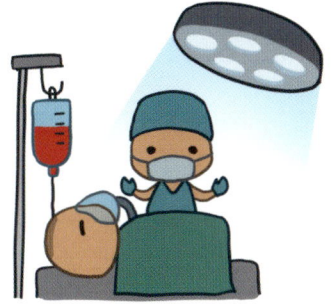   

세면대 (38-41p)

스티커 3p

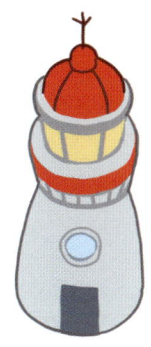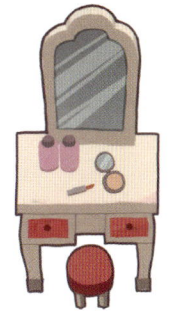

치약 (47-49p)

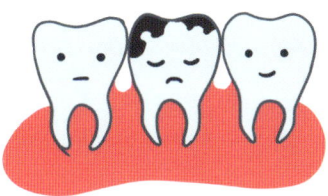

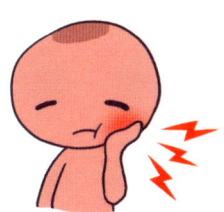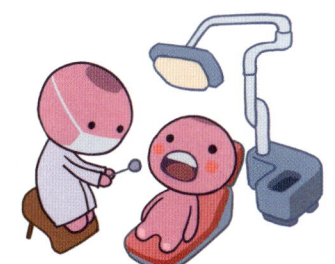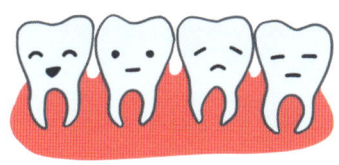

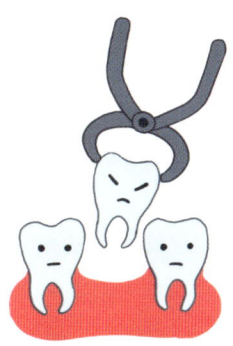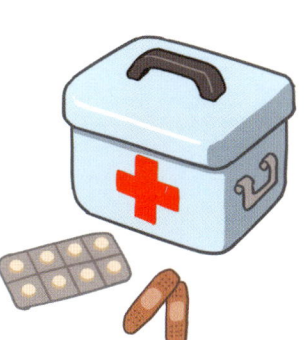

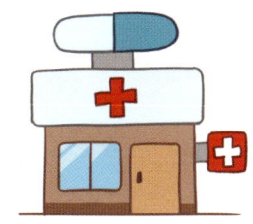

빈칸 (64p)

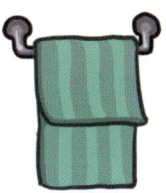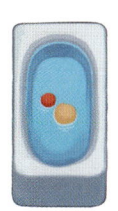

스티커 4p

우리집 거실에서 곧 다시 만나요

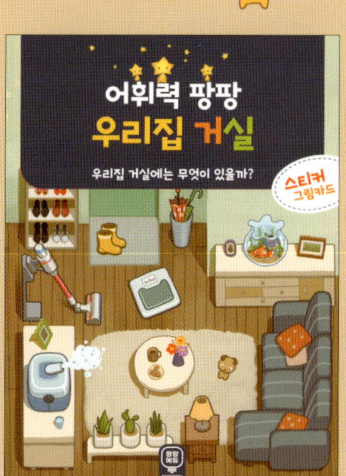

어휘력 팡팡 / 우리집 거실
우리집 거실에는 무엇이 있을까?
글 임혜원 | 그림 한승욱 (출간예정)

어휘력 팡팡
우리집 화장실

우리집 화장실에는 무엇이 있을까?

 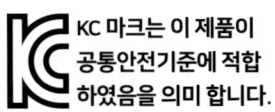

제품명 어휘력 팡팡 우리집 화장실   **제조자명** 팡팡에듀
주소 경기도 수원시 영통구 도청로 10, B동 514호
도서문의 010-2157-2154   **제조년월** 2024년 3월
제조국명 대한민국   **사용연령** 6세 이상
주의사항 ① 입에 넣지 마세요. ② 종이에 베이거나 긁히지 않도록 주의하세요.
③ 책 모서리가 날카로우니 던지거나 떨어뜨리지 마세요. ④ 불이나 물에 가까이 두지 마세요.

  3세 이하 사용 금지 입에 넣지 마시오.

ISBN 979-11-983697-0-3(63700)

정가 23,000원